Achim Schwarze

TEE-TRINKER

sind bessere Menschen

Anregungen für abgebrühte Kenner

Illustrationen von Nerling

Eichborn Verlag

Die Deutsche Bibliothek – CIP-Einheitsaufnahme

Schwarze, Achim
Teetrinker sind bessere Menschen : Anregungen für abgebrühte Kenner / Achim Schwarze. – Frankfurt am Main : Eichborn, 1991
ISBN 3-8218-2182-5

Umschlaggestaltung: Uwe Gruhle unter Verwendung einer Zeichnung von Nerling.
Gesamtherstellung: Fuldaer Verlagsanstalt GmbH.

ISBN 3-8218-2182-5

Verlagsverzeichnis schickt gern:
Eichborn Verlag, Hanauer Landstraße 175, D-6000 Frankfurt 1

INHALT

Rühren!

WARUM SIND TEE-TRINKER DIE BESSEREN MENSCHEN?

Einschlägige Studien belegen: Tee-Trinker sind
geistreich
gemütlich
kreativ
offen
kultiviert
witzig
menschlich
locker
tolerant

Sie stellen weltweit die Mehrzahl der
Lebenskünstler
Kenner
Durchblicker
Genießer

Neidisch fragen sich durchschnittliche Menschen, ob einem solche Eigenschaften in die Wiege gelegt sein müssen und Tee also nur das definitive Getränk der vom Schicksal mit Glück Überhäuften ist.

Glücklicherweise nicht! Zwar wenden sich alle von Hause aus besseren Menschen schon früh dem Tee-Trinken zu, aber andererseits beobachten wir überall, wie das Tee-Trinken einen besseren Menschen aus einem Durchschnittsmenschen macht, der ernsthaft mit Tee in Berührung kommt.

Aha. Aber wieviel Tee muß ich trinken, um trotz Talentmangel zu einem besseren Menschen zu werden?

Nun, die Frage ist falsch gestellt, denn auf die Masse kommt es beim Tee-Trinken gar nicht an, sondern nur auf die Klasse. Man müßte also fragen: Wie und welchen Tee benötige ich zum Aufstieg in den Olymp der besseren Menschen? Oder mit anderen Worten: Wie werde ich Tee-Kenner?

Und genau diese Fragen beantwortet dieses Buch.

WARUM TEETRINKEN?

Selbstverständlich trinkt der Tee-Trinker seinen Tee nicht aus Durst, sondern aus rein kulturellen Gründen. Ein so profanes Jedermannsgefühl wie Durst kennt er gar nicht. Er trinkt regelmäßig schon, bevor es zum Ernstfall kommt.

Nun kann man zwar nicht abstreiten, daß der Wasseranteil des Tees, immerhin so gut wie 100 %, den Flüssigkeitsbedarf des Körpers (ja, den hat auch ein Tee-Trinker, leider) decken hilft. Aber es geht um etwas anderes, Höheres – manchmal auch Höchstes: Das Tee-Trinken ist eine Lebenseinstellung!

Vor allem will der Tee-Trinker seinen Kummer in der Tasse ertränken, seine Unzufriedenheit mit der ganzen Welt. Der Weise und Chinese Tien Ji Heng bringt es auf den Punkt: »Man trinkt Tee, um den Lärm der Welt zu vergessen.« Und eine alte chinesische Weisheit besagt: »Wer Tee trinkt, vergißt den Lärm der Welt.« Gleichzeitig erzeugt der Tee seinen ureigenen Lärm, denn – wieder so eine klassische Weisheit aus dem unendlichen Fundus der Schlitzaugen: »Tee ist ein Getränk, das die Seele wie eine Stimme überflutet und« – zusätzlich zu diesen Ohrwurmqualitäten – »dessen feine Bitterkeit an den Nachgeschmack eines guten Rates erinnert.«

Der Tee-Fan liebt diesen Geschmack – weshalb er ihn gern und oft bei anderen erzeugt. Denen wird vom Nachgeschmack des guten Rates ziemlich leicht schlecht. Sie (die Nicht-Tee-Trinker) sagen gern: »Ich könnte kotzen«, auch wenn der Rat noch so gut gemeint war, und fühlen sich niedergeschlagen. Der Tee-Trinker aber übersteht die Belehrung von der inneren Kanzel leicht, spätestens, wenn er sich mit einem weiteren Tässchen stählt, denn: »Bist du niedergeschlagen, so wird Tee dich ermutigen.« (Da ist sich Kaiser Shen Nung[1] schon ca. 2700 v. Chr. sicher gewesen.) Außerdem sagt sich der Tee-ologe: Bitterkeit, die findet doch nur auf den häßlichen Papillen am Zungengrund statt, kurz vor dem Runterschlucken, wenn man einen reingewürgt kriegt – ist also gleich vorbei.

Wo wir gerade bei den guten Ratschlägen sind: Der Tee-Trinker selbst trägt ein besonders großes Reservoir an Bitterstoffen auf der Zunge. Gern leistet er aktive Lebenshilfe in Form überlanger Briefe und unveröffentlichter Romane aufs geduldige Papier – noch häufiger als jeder andere Besserwisser.

---

1 Auch geschrieben: Tsching-nung

TEE GEGEN KAFFEE

Eine Welt trennt die beiden bekannten Heißgetränke! Nein, eine reicht nicht: **Welten!** Hier prallen westlicher und östlicher Kulturkreis aufeinander, und leider ist Kaffee nicht so schädlich, daß man ihn verbieten müßte. Kaffee ist das Getränk des Wirtschaftswunders, also der hektischen Betriebsamkeit. Tee steht für geistige Aktivität.

Der Kaffee-Trinker schüttet seine Tasse in sich hinein, um sich aufzuputschen, der Tee-Kenner hingegen gibt sich seinem vornehmen Getränk kultiviert hin, weil es seinen feinen Geist inspiriert. Tee regt an, während Kaffee aufregt.

Beide enthalten Coffein, und doch unterscheiden sie sich in ihrer Wirkungsweise erheblich: Das Coffein des Tees aktiviert die Durchblutung des Gehirns und regt direkt den Geist an. Das Coffein im Kaffee hingegen wirkt nur auf den Körper, also auf Herz und Kreislauf.

Das liegt auch an der Dosis: Zwar findet sich im getrockneten Tee mehr Coffein als im Kaffee, aber weil man Tee sparsamer dosiert, nimmt man mit jeder Tasse Tee nur etwa halb soviel Coffein zu sich wie mit einer gleichgroßen Tasse Kaffee.

Viel von seiner unnachahmlichen Wirkung verdankt der Tee auch seinen ätherischen Ölen, seinen einzigartigen Duftstoffen also, die auch für die »Blume« des Tees verantwortlich sind. Man kennt bereits 400 Komponenten, aus denen sie sich zusammensetzt. Auf kaltem Tee kann man diese flüchtigen Öle als irisierenden Film beobachten.

Tee erfrischt und belebt. Vor allem im Gehirn setzt die Wirkung an, seine Durchblutung und sein Stoffwechsel werden angeregt. Denkleistung und -geschwindigkeit nehmen zu. Weil Tee die Reizschwellen im Gehirn herabsetzt, wirkt er gegen Streß (verantwortlich dafür u. a.: Vitamin B_1 – das »Antistreß«-Vitamin). Gleichzeitig euphorisiert er leicht und schützt vor Depressionen. Und wie bezahlt der Tee-Trinker die segensreichen Effekte dieser Wunderdroge? Kommt drauf an, wie teuer die Sorte ist – aber jedenfalls nicht mit nachträglicher Müdigkeit oder einem Katergefühl (und beide kennt der Kaffee-Süchtige nur zu genau).

Kaffee »haut rein«, er wirkt plötzlich und gnadenlos – auf den Körper. Im Gegensatz zu Kaffee erzeugt Tee nie Herzklopfen. Weil im Tee außer Coffein auch das Purin »Adenin« enthalten ist, wirkt das Tee-Coffein langsamer und auf eine längere Wirkzeit verteilt als die direkte Coffein-Peitsche des Kaffees.

Und von welchem der Konkurrenten geht die größere Gefahr für Leib und Leben aus? König Gustav III. von Schweden ließ Ende des 18. Jahrhunderts einen Menschenversuch mit zwei zum Tode verurteilten Zwillingsbrüdern durchführen. Unter ständiger Aufsicht von zwei Professoren mußte der eine täglich fünf Tassen Tee, der andere ebensoviel Kaffee trinken. Die Frage hieß: Welches der beiden damals in ihrer Gefährlichkeit noch sehr umstrittenen Getränke würde eher zum Tode führen?

Zu allererst starb einer der Professoren, dann der andere. Der König wurde ermordet. Die Zwillinge tranken weiter und weiter. Mit 83 und 86 Jahren starben sie im Knast friedlich an Altersschwäche.

Ein Tip für Umsteiger

Um einen Kaffee-Trinker zum Tee zu bekehren, flößt man ihm beim Aufstehen einen fruchtigen Aprikosen-Tee ein. Zum Frühstück bekommt er eine Mischung aus Quitten-, Kokos- und Korinthen-Tee, um 11 h gibt's Wildkirschen-Tee und nach dem Mittagessen Ingwer-Aprikosen-Tee. Am Nachmittag wird er zum Mango-Tee gezwungen, und zum Abendessen muß er Whiskey-Tee mit echtem Scotch trinken.

Weigert sich der Kaffeetrinker, so fesselt man ihn z.B. an einen Stuhl und hält ihm, wenn er trinken soll, die Nase zu.

Parallel dazu informiert man ihn über ein paar objektive Tatsachen und zitiert: am besten Kakuzo Okakura, den Begründer der Kaiserlich-Japanischen Kunstakademie und Autor des Kult-Tee-Buches **»Das Buch vom Tee»** mit folgenden Worten: »Tee hat nicht die Arroganz des Weines; nicht das Selbstbewußtsein des Kaffees; nicht die kindliche Unschuld von Kakao. Im Geschmack des Tees liegt ein zarter Charme, der ihn unwiderstehlich macht und dazu verführt, ihn zu idealisieren.« In der Tat: Tee ist der Philosoph unter den Getränken.

TEE-GESCHICHTE

Die Erfindung des Tees

Wie damals, 495 n. Chr., allgemein üblich, erfand ein Prominenter den Tee. Der Exzentriker Bodhidharma (ein Missionar aus Indien, der den Chinesen den Buddhismus brachte), mußte sich aus historisch eher unklaren Gründen um seinen Lebensunterhalt nicht kümmern und setzte sich faul unter einen Baum. Um bloß nichts zu versäumen und sich gleichzeitig ein bißchen aufzuspielen, schwor er vor der gesamten Öffentlichkeit, sieben Jahre lang nicht zu schlafen.

Natürlich klappte das nicht, denn schon am Anfang des fünften Jahres wurde Bodhidharma etwas müde, und außerdem schliefen ihm die Füße ein. Er stand auf, vertrat sich etwas die Beine, zupfte achtlos ein paar Blätter vom Baum und kaute auf ihnen herum. Die Müdigkeit war verschwunden, denn er hatte sich Tee-Blätter in den Mund gesteckt.

Ein konkurrierender Patentantrag liegt dem Tee-Amt aus Japan vor. Wieder soll Herr Bodhidharma der Urheber des Tees sein. In der Insel-Version fallen dem Großsprecher im fünften Jahr beim Meditieren die Augen zu. Selbstverständlich greift er, typisch für einen Choleriker, sofort und publikumswirksam zur Nagelschere, schneidet sich die Lider ab und wirft sie weg. Schlagartig wachsen aus ihnen gleich zwei Tee-Sträucher, von denen er Blätter abzupft und umgehend zu Tee brüht. Die Müdigkeit ist verschwunden. Nachteil dieser Geschichte: Sie klingt ein bißchen unglaubwürdig.

300 Jahre eher will Shen Nung (ca. 2700 v. Chr.), der Kaiser von China, die Erfindung gemacht haben. Er wollte nach einem Jagdausflug eine leckere Tasse heißes Wasser trinken – damals das übliche Erfrischungsgetränk in besseren Kreisen. Man machte Lager unter einem Baum, und zufällig fielen ein paar Blätter in den Kessel, und zufällig handelte es sich um Tee-Blätter.

Dieser Patentantrag wurde wegen erzählerischer Farblosigkeit abgelehnt, daher schickte Shen Nung eine zweite Version nach: Er, der sich selbst den ersten Hygieniker der Welt nannte, kochte im Frühjahr 2737 v. Chr. Trinkwasser ab. Ein paar Blätter der brennenden Zweige unter dem Kessel wirbelten hoch und fielen ins brodelnde Wasser – und fertig war der Tee. Naja . . .

Der Siegeszug des Tees

Jedenfalls waren alle begeistert. Erst die Chinesen und dann die Japaner, weil clevere chinesische Tee-Händler im 8. Jahrhundert beschlossen, den Schriftsteller Lu-Yü zu Reklamezwecken ein Tee-Handbuch verfassen zu lassen. Das dreibändige Ch'a-king[2] wurde in Japan ein Bestseller, und plötzlich mußte man begeistert Tee trinken, wenn man mitreden wollte.

In Europa schleppten die Holländer den Tee ein, etwa um 1600. Die getrockneten und unfermentierten Blätter des grünen Tees hatten eine monatelange Reise in den Laderäumen der Schiffe hinter sich. Sie waren meist nicht mehr so getrocknet und unfermentiert wie bei der Abreise, sondern eher ein muffiges, eklig schmeckendes Vergnügen. Was schon bald niemandem mehr auffiel, denn inzwischen war Tee-Trinken zur Mode geworden.

Nur wenige Prominente ließen sich von der Hysterie nicht anstecken und behielten ihr objektives Urteilsvermögen in Geschmacksfragen. Liselotte von der Pfalz, die Schwägerin Ludwig XIV., schrieb 1712 aus Paris einer Jugendfreundin: »Tee kommt mir vor wie Heu und Mist, wie kann einem vernünftigen und gesund empfindenden Menschen nur sowas Bitteres und Stinkendes Freude bereiten?«

Die Qualität verbesserte sich, weil einerseits Tee schon bald auf dem Landweg per Karawane über Rußland aus China nach Europa geschafft wurde (der sogenannte »Karawanen-Tee«), ohne zu verderben, und sich andererseits die Verpackungsmethoden für die Seefracht verbesserten.

Von Holland aus eroberte der Tee England. Dort wurde er in der Anfangszeit extrem hoch besteuert. Als das Inselreich schließlich im Jahre 1667 den Import aus Holland ganz verbot, hatte der Tee-Schmuggel seine größte Zeit. 50 % ihres Verbrauchs deckten die Engländer bei kriminellen Importeuren. Im illegalen Tee-Handel wurden Methoden üblich, die die Süchtigen unter meinen Lesern gut kennen dürften: Ausgelaugter Tee-Satz wurde nicht weggeworfen, sondern getrocknet und frischem Tee zugeschlagen. Und das war noch die humanste Verschnittmethode.

Mitte bis Ende des 18. Jahrhunderts blühte der Schmuggel vor den briti-

schen Inseln. Kleine Boote nahmen auf See Tee von holländischen Schiffen an Bord und landeten die heiße Ware an der unübersichtlichen Küste an, vor allem in der Gegend von Cornwall, Dorset und Kent. In einem verzweigten Höhlensystem wurde die Ware versteckt. Die Arbeit im Schmuggelbereich war teilweise so dominant in den betreffenden Gegenden, daß ein Mangel an Landarbeitern auftrat.

Tee brachte das ganz große Geld, und natürlich versuchte man, den Strauch in Paris (1765) anzubauen. Die Pflanzen starben hier an Heimweh. Auch in Italien schlugen ähnliche Versuche fehl.

Ab 1839 nahm die Geschichte des damals ausschließlich aus China stammenden Tees eine entscheidende Wendung. 1833 hatte der britische Major und Hobbybotaniker Bruce im Dschungel des indischen Assam einen wilden Tee-Baum gefunden, Thea assamica. 1839 nun wurden die ersten acht Kisten Tee von dieser unbeschnitten bis 30 Meter hochschießenden Tee-Pflanze zum Verkosten in London ausgepackt. Das Monopol des chinesischen Tees (unbeschnitten bis vier Meter hoch) war gebrochen.

Seit 1830 gibt es Marken-Tees. Der Engländer John Hornimann brachte den ersten auf den Markt, aber erst der aus seiner Heimat Glasgow nach London umgezogene Kaufmann Thomas Lipton wurde reich mit der Idee, immer wieder die gleiche Geschmacksmischung aus immer wieder ähnlichen Grundbestandteilen zu mischen. Sein Trick: Reklame.

Ursprünglich verstanden die höheren Stände unter Tee nur grünen Tee. Der fermentierte Schwarz-Tee galt als Billigprodukt für die Dienerschaft. In der irrigen Annahme, eine kräftigere Farbe in der Tasse bedeute höhere Qualität, zahlten die Europäer mehr für die Tees, die in China mit Preußisch Blau versetzt wurden. Erst als immer wildere (und wahre) Geschichten über die Grüner-Färbung von Tee in China bis nach Europa drangen, lief selbst der Adel aus Angst vor Vergiftung zum schwarzen Tee über.

In Deutschland wurde der Tee 1657 eingeführt, also gerade noch rechtzeitig, um das Abendland davor zu bewahren, für immer im Alkoholismus zu versinken. Vor der Ära von Tee und Kaffee gab es außer Wasser praktisch nur alkoholische Getränke, und der Tag fing schon mit einer Biersuppe an. Alle tranken Bier, überall und immer, denn praktisch jede Familie braute es selbst.

2 Auch geschrieben: Tscha-king

DER KAUF DES TEES

Mehr noch als beim Kauf eines Neuwagens (jenseits der 71.300 DM) oder Mietshauses (jenseits von 7,13 Mio) wendet man bei der Anschaffung von Tee größte Sorgfalt auf. Das fängt schon bei der Auswahl des Händlers an:

Beim Einkauf meidet man die Geschäfte, die ihrem pseudokennerhaften Publikum die Geruchsprobe aus heimeligen Dosen mit der Verkaufsware erlauben oder gar Tee offen lagern. Jedes Öffnen eines Deckels bedeutet Aromaverlust, und während das wertvolle Bukett des Tees sich nach draußen verflüchtigt, zieht der penetrante Indiengeruch von Räucherstab und parfümierter Kerze hinein in den empfindlichen Ceylon-Hochland-Tee. Bis schließlich alle Tees dieselbe Geschmacksrichtung aufweisen: Renate's und Harry's unheimlich alternative Asia-Boutique[3]!

Nur ein müdes Lächeln hat der Kenner für jene Laienschar, die hinter Geschäften mit von 311 verschiedenen Aroma-Tees geschwängerter Raumluft und der romantischen Bezeichnung »Tee-Laden« Qualität vermutet. Renate und Harry sind zwar unheimlich dufte Typen, echt gut drauf und auch irgendwie qualifiziert, also mehrmals in Poona gewesen, und sicher lieben sie den Tee als Symbol ihrer Lebenseinstellung – aber trotzdem haben sie keinen Durchblick.

Wer dann?

Die wenigen guten Adressen von Tee-Fachgeschäften und seriösen Tee-Versendern zählen daher zu den Schätzen des Experten, und nur seinen allerbesten Freunden gibt er sie weiter. Schließlich weiß er, daß die Produktion der Top-Sorten sich nicht ausweiten läßt. Und warum sollte man die einzige korrekte Quelle für echten und nicht nur angeblichen First Flush Darjeeling Leuten empfehlen, die auch mit Beutel-Tee oder Nescafé zufriedengestellt werden könnten?

Die optimale, ganz persönliche Tee-Sorte

Ziemlich entmutigt steht der Tee-Novize vor unzähligen Sorten und Mischungen des Tee-Fachgeschäftes und fragt sich: »Welcher von den vielen ist denn nun mein ganz individueller, höchstpersönlicher Tee?«

Diese Frage beantwortet ihm der Fachhändler unter Berücksichtigung von

Schwingungen und Sternzeichen und empfiehlt schließlich eine Sorte, die mehrere erstaunliche Eigenschaften vereinigt: Der Händler trinkt sie selbst, er verdient nichts an ihr (sondern macht sich selbstlos um ihre Verbreitung verdient), und außerdem ist sie irre teuer.

Natürlich wird ein seriöser Händler nichts dagegen einwenden, wenn der vorsichtige und kritische Kunde nun, zu Zwecken der Gegenprobe, Pendel oder Wünschelrute aus der Jutetasche zieht.

Gibt es kein Pauschalrezept? Kaiser Hui-tsung gab sein ganzes Geld für die Anschaffung teurer Tee-Sorten aus und hielt den »weißen Tee« für den besten. Aus irgendwelchen Gründen wird diese Sorte heute nicht mehr verkauft.

3 Ja, selbstverständlich mit dem auf international gequälten falschen Apostroph!

EINE KURZE TEE-KUNDE

Klassische Tee-Herstellung

Sensible Damenfinger zupfen 15 – 30 mal im Jahr die jungen Triebe vom Tee-Busch ab – immer »two leaves and the bud«, also die beiden obersten (jüngsten) Blätter und die Blattknospe an der Spitze (»Tip«) des Triebes. Durch diesen Eingriff wird die Tee-Pflanze daran gehindert, zu ihrer vollen Höhe von 15 m aufzuschießen. 15–25 kg frisches Blattgut werfen die Pflückerinnen täglich in ihre Rückenkiepen, und daraus kann man etwa vier bis sechs Kilo Tee herstellen.

Die – noch völlig geruchsfreien – Blätter wurden ursprünglich im Freien auf Hürden ausgelegt, wo sie innerhalb von 12–18 Stunden ca. 30 % ihres Wassergehaltes verloren. Heutzutage trocknet man meist in der Halle. Die Blätter werden in 30 Meter langen und 2 Meter breiten Trögen durch Luft aus

Ventilatoren in nur 8–12 Stunden gewelkt. Wie auch immer: Das Blatt ist nun weich und geschmeidig.

Als nächstes werden die welken Blätter zwischen zwei langsam drehenden Metallplatten gerollt und dabei zerquetscht. Der Zellsaft tritt aus und oxidiert mit der Luft. Die Fermentation setzt ein. Die ätherischen Öle und damit das Aroma entfalten sich.

Nach 30 Minuten schüttet man den ganzen Salat auf ein maschinelles Rüttelsieb (»ballbreaker«). Dort werden die feuchten Blattklumpen aufgelöst und die feinsten Teile des Gemenges ausgesiebt. Sie, genannt »first dhool«, machen bei einem guten Ausgangsmaterial 50 % aus. Der grobkalibrigere Rest wird erneut, aber unter größerem Druck, gerollt und gesiebt. Nach insgesamt eineinhalb Stunden (und dem dritten Dhool) bleiben nur noch 5 % unbelehrbar grober Teile übrig, denen eine Schneidemaschine den Rest gibt.

Nun wandern die gerollten (also gequetschten) Blätter in den Fermentationsraum, wo man sie zehn cm hoch in Tröge schüttet. Bei 40° C und 90 % Luftfeuchtigkeit (oft wird ein Wassersprenger eingesetzt) dauert die Fermentation zwei bis drei Stunden. Die grünen Blattsäfte verfärben sich kupfer- bis braunrot. Ständig überprüft der Fermentationsmeister mit dem Thermometer die zunehmende Wärme in der Tee-Schicht und entscheidet mit der Nase, wann genau der Prozeß abgebrochen wird.

Durch die Fermentation wird Gerbstoff abgebaut, das Coffein aktiviert, und auch die ätherischen Öle – die wichtigsten Aromaträger – können sich erst durch sie voll entfalten.

Umgehend wandert der fermentierte Tee in den Trockenofen (heute sind das Etagentrockner mit Heißluftgebläsen), wo er 20 Minuten lang bei 85 bis 88° C bis auf 6 % Wasseranteil heruntergetrocknet wird. Früher wurde in Pfannen über dem Feuer getrocknet (»firing« = »rösten«). Der ins Bräunliche oxidierte Saft trocknet schwarz.

Auf Rüttelsieben trennt man den getrockneten Roh-Tee nach Blattgrößen, und genau diese werden durch die mysteriösen Abkürzungen auf den besseren Tees bezeichnet.

Die Produktion von Billig-Tees

Nach dem Welken werden die Teeblätter maschinell unter hohem Druck zerquetscht (= Crushing), dann zwischen Zahnwalzen zerrissen (= Tearing) und schließlich zu kleinen Kugeln gerollt (= Curling), die dann in derselben

Art wie bei der traditionellen Herstellung von schwarzem Tee fermentiert werden.

Über die Hälfte allen Tees wird mit diesem weniger selektiven Verfahren hergestellt, und das Endprodukt findet sich meist in Beuteln wieder. CTC-Tees sind besonders ergiebig, weil die Tee-Blätter durch die Gewaltmethode wesentlich stärker zerkleinert werden als beim traditionellen Verfahren und dem Wasser beim Brühen schließlich weit mehr Angriffsfläche bieten.

Grüner Tee

Die Blätter für den grünen Tee werden nach dem Welken nur leicht gerollt und dann gleich getrocknet.

Blatt-Tees und Broken-Tees

Die sehr teuren und feinen Blatt-Tees bestehen aus den ganzen Blättern, während für die kräftiger ziehenden und ergiebigeren Broken-Sorten das Blatt vorher zerkleinert (gebrochen) wird. Erst seit dem Zweiten Weltkrieg sind die Blatt-Tees etwas aus der Mode gekommen. Kenner jedoch . . .

Wunderbare Welt der Abkürzungen

Natürlich will man sich nicht durch Unkenntnis blamieren und sollte wenigstens den CTC PD von SFTGFOP[1] und SFTGFOP[2] unterscheiden können.

Nur relativ gute Sorten tragen neben dem Herkunftsgebiet auch eine Abkürzung. Es gilt die auch aus anderen Bereichen der Lust bekannte Faustregel: Je länger, desto besser. Mitunter wird dem Tee-Kenner auf der Verpackung auch noch verraten, um welche Ernte es sich handelt (»first flush« = erste Pflückung, also besonders aromatisch, »second flush« = auch nicht schlecht, oder »autumnal« = labbriges Aroma im Herbst). Ganz und gar aus dem Häuschen gerät der Tee-Fan, wenn er auch den Teagarden bzw. das Estate (= die Plantage) seines Tees genannt bekommt.

Hier das zum Auswendiglernen nötige ABC, wie es der angehende Tee-Kenner auf einem Spickzettel ständig mit sich führt:

Abkürzungen für Blatt-Größen

TG = tippy golden = kleine, hauchzarte, feinste Blattknopsen, die man am hellen Flaum auf ihrer Unterseite erkennen kann. Ihr kindlicher Zellsaft karamelisiert nach dem Austreten, und daher bleiben die Tips auch nach der Fermentation hell und golden. Die »golden tips« schmecken zwar nach nichts, aber an ihnen erkennt der Experte die Sorgfalt der Pflückung bei den teuren Hochland-Tees (= highgrown). Außerdem sehen die Tips hübsch aus.

F = flowery = Flowery Orange Pekoe ist das jüngste, sich gerade öffnende Blatt und ist besonders zart. Die Bezeichnung »pekoe« ist dem Chinesischen entlehnt und bedeutet »weiße Daune«. Flowery Pekoes aus Ceylon zeigen oft ein kugelig gerolltes Blatt und heißen daher »curly« oder »shotty«.

O = orange = Orange Pekoe ist das erste ganz entfaltete Blatt, immer noch von »königlicher« Qualität (»oranje« ist das holländische Wort für königlich, und die Holländer waren die ersten westlichen Tee-Experten). Zufällig schimmert es auch leicht orange, weil sich dieses Blatt bei der Fermentation nicht so stark verfärbt wie seine älteren Nachbarn. Dieser Blatttyp ist länger und auch feiner gerollt als Flowery Orange Pekoe oder Pekoe.

P = pekoe = Pekoe ist das zweite entfaltete (also insgesamt dritte) Blatt, aus dem die einfacheren Tees gemacht werden. Die Blätter sind fleischiger als ihre feineren Kollegen, enthalten weniger Anteil an Blattrippen und bringen einen kräftigeren Aufguß.

Pekoe Souchong, die nächstgröbere Sortierung (3. Blatt), war eine Abkürzung nicht wert.

Souchong = »kleine Pflanze« = die größten Blätter (4. Blatt). Ein Tee aus ihnen ist dünn, aromaschwach und wenig ergiebig.

Vollständigkeitsgrade bei Blatt-Tees

Weitgehend unzerstörte Tee-Blätter ergeben einen besonders feinen, aber nicht sehr ergiebigen Tee. Man unterscheidet:

Special Fine Tippy Golden Flowery Orange Pekoe	SFTGFOP
Fine Tippy Golden Flowery Orange Pekoe	FTGFOP
Tippy Golden Flowery Orange Pekoe	TGFOP
Golden Flowery Orange Pekoe	GFOP
Flowery Orange Pekoe	FOP
Orange Pekoe	OP
Pekoe	P

F = fine(est) = besonders fein, aber nicht am allerfeinsten, denn das wäre ja: SF = special fine.

Die besten dieser Qualitäten führen die hochgestellte »1« hinter der Abkürzung, auch »super« oder »superior« kommen vor. Nicht ganz so hervorragende Sorten heißen (hoch) »2«.

Vollständigkeitsgrade bei Broken-Tees

Das Tee-Blatt ist nicht ganz geblieben, sondern nach dem Sieben unter die Blattschneidemaschine (»cutter«) gekommen. Aber das heißt nicht automatisch, daß wir es mit zweiter Wahl zu tun haben – auch wenn der Kenner natürlich den teureren Blatt-Tee bevorzugt.

Broken-Tees bieten dem Brühwasser mehr Angriffsfläche, sind also ergiebiger als Blatt-Tees, ziehen schneller und ergeben eine dunklere, breitere, gröbere Tasse.

BOP ist die Grundsorte im Broken-Tee-Bereich. Er ist nicht ganz so blumig wie der bessere, aber deutlich teurere und tip-reichere FBOP. BP wird aus dem gröbsten Blatt geschnitten und ist daher etwas dünn in der Tasse.

Jedenfalls steht B für »Broken«, und da gibt es:

Tippy	Golden	Flowery	Broken	Orange	Pekoe	TGFBOP
	Golden	Flowery	Broken	Orange	Pekoe	GFBOP
		Flowery	Broken	Orange	Pekoe	FBOP
			Broken	Orange	Pekoe	BOP
			Broken		Pekoe	BP
			Broken		Tea	BT

Krümelige und staubartige Tee-Reste

Beim Aussieben fallen kleine Blattbestandteile an (abgebrochene Blattränder etc.). Diese »fannings« können gerade bei erstklassigen Highland-Tees von recht guter Qualität sein. Die meisten Fannings wandern in Tee-Beutel oder nach Amerika, können aber auch zum Strecken von Mischungen eingesetzt werden. Noch feiner ist der Tee-Staub (»dust«), der nur für Beutel taugt. Der Dust sorgt dafür, daß der Beutel in Sekundenschnelle eine kräftige Farbe in die aromalose Tasse zaubert.

Orange Fannings = Fannings der Blatt-Tees
BOP Fannings = Fannings der Broken-Tees
Pekoe Fannings = Fannings der CTC-Tees

Dust 1 = Dust und Pekoe Dust aus der Blatt-Tee-Herstellung
Dust = Dust der Broken-Tees und der CTC-Tees

CTC-Blattgrade

Bei der vollautomatischen Tee-Produktion unterscheidet man nur zwischen fünf Graden:

BOP Broken Orange Pekoe
BP Broken Pekoe
PF Pekoe Fannings
PD Pekoe Dust

Aufgrund der undifferenzierten Herstellungsmethode enttäuschen CTC nicht nur durch langweilige Abkürzungen, sondern auch durch ein langweiliges Aroma.

HERSTELLUNGSLÄNDER UND SORTEN

Auf der Landkarte der Tee-Freaks finden wir Landstriche mit unterschiedlich klangvollen oder peinlichen Namen. Hier nun ein kurzer Abriß der ewigen In-und-out-Liste für wirkliche Tee-Kenner mit einem besonders guten Gedächtnis.

Indien

Darjeeling

In dieser Region werden die teuersten und besten Tees der Welt erzeugt. Darjeeling-Sorten sind fein, hocharomatisch, duftig und blumig im Aroma und färben hell. Auffällig: das kleine Blatt. Etwa 6000 – 9000 »Schüsse« (sie bestehen jeweils aus zwei Blättern und der Blattknospe eines Triebes) ergeben ein Kilo fertigen Tees. Beim gröberen Assam kommt man schon mit 3000 Schüssen auf ein Kilo.

72 Tee-Gärten mit 18.500 Hektar Fläche erzeugen pro Jahr rund 10 Mio kg Tee. In den höheren Anbaugebieten wird meist mit China-Sorten oder China-Hybriden (besonders kleines, schmales Blatt) gearbeitet, Thea Assamica wird nur in niedrigeren Lagen angebaut.

Assam

Das größte zusammenhängende Anbaugebiet der Welt produziert kräftige, würzige, dunkle Tees, die man als Hauptbestandteil vieler Breakfast-Tees und der Ostfriesen-Mischungen kennt. Kenner schätzen als teure Rarität bestimmte Assam-Tees mit einem Geschmack nach Malz oder Brot (= »malt flavour« oder »baken flavour«). Besonderheit: Die zweite Ernte (= »second flush«) ist schwer und würzig.

Südindien

Aus Nilgiri stammen feine Sorten, die an Ceylon-Tees erinnern. Tee aus Travancore ähnelt der Assam-Qualität. Anamalai wird vorwiegend in Mischungen verwendet. Im Frühjahr und im Sommer während der Monsunzeit sind südindische Tees besonders kräftig, im Herbst und Winter aber aromatischer.

Aromatisierte indische Tees

Hier sind die Aromen von Ingwer, Vanille und Magnolie besonders beliebt.

Ceylon (Sri Lanka)

Viele hervorragende Tees. Feinherb schmeckt der hellfärbende Ceylon-Tee, dessen beste Sorten aus Nuwara Eliya (= »Nurelia«) stammen. Die Tees aus Uva ähneln im Aroma dem indischen Darjeeling, sind aber herber, kräftiger und rassiger. Weitere Anbaugebiete auf der Bürgerkriegsinsel: Dimbula und Dickoya.

Indonesien

Der eher minderwertige No-Name-Tee aus diesem Land erinnert im besten Falle an mittlere Assam-Tees und verschwindet meist in Mischungen.

Kenia

In Afrika wird in riesigem Maßstab extrem mieser Tee produziert. Er landet, wo er hingehört: in englischen Beuteln.

UdSSR

In Grusinien (= Georgien) auf dem Kaukasus ziehen die Sowjets Tee-Sträucher, die fast ausschließlich maschinell abgeerntet werden. Man stellt einen Tee mit 30 % weniger Coffein als üblich her und kann sich rühmen, für die schlechteste Qualität der Welt verantwortlich zu sein.

Nepal

Das kleine Königreich an Indiens Nordgrenze produziert teilweise brauchbare FOP-Tees, die sich gut für sehr hartes Wasser eignen.

VR China

Die hell färbenden chinesischen Tees sind lieblich, blumig und leicht – für unseren Geschmack oft zu sanft und rauchig. Sie enthalten ein Drittel weniger Coffein als Ceylon- oder Assam-Tees, können also auch abends getrunken werden.

Die bekanntesten Sorten heißen Keemun, Yunnan und Lapsang-Souchong. Interessant sind auch die klassischen Aroma-Tees der Chinesen: mit Rosen-, Jasmin-, Lotusblüte.

Taiwan (Formosa)

Taiwan erzeugt feinere Sorten als China, vor allem grüne oder halbfermentierte Tees (= Oolong). Besonders berühmt ist der Fancy Oolong, ein blumiger, hellfärbender, großblättriger Tee. Oolong eignet sich wegen seiner milden Herbheit als Basis für parfümierte Tees.

Lapsang souchong, der großblättrige, rauchige Tee, ist vielen China-Sorten untergemischt. Sein rauchiges Aroma entsteht, wenn bei der Trockung ein Feuer aus harzreichem Holz verwendet wird.

Japan

Der japanische Tee wird als grünes Pulver hergestellt und ausschließlich im Lande verbraucht – allerdings nur für die umständlichen Tee-Zeremonien der Japaner. Im Alltag trinken sie, wie wir, schwarzen Tee, und legen keinen großen Wert auf dessen Qualität.

Besondere Formen des Tees

Ziegel-Tee

Tee-Staub der schlimmsten Qualität oder im Mörser zerstoßenen Tee-Blätter werden angefeuchtet und zu Ziegeln gepreßt. Vor der Tee-Bereitung raspelt man die notwendige Menge von dem Ziegel ab. Urteil: Exotisch, beeindruckend, aber »kotz«.

Grüner Tee

China, Taiwan und Japan produzieren Tees, die nicht fermentiert werden und daher mehr Gerbstoffe aber weniger Coffein enthalten als schwarzer Tee. Die Araber lieben grünen Tee, vor allem wenn er mit Jasmin oder Orangenblüte parfümiert oder mit frischer Minze aufgegossen wird.

»Gunpowder« heißt eine bekannte Grün-Tee-Sorte mit kugelig gerollten Blättern. Ebenfalls häufig: Chun mee.

Grün-Tee ist uns oft zu fade und fremd. Der Einsteiger sollte es mal mit Jasmine Chung Hao versuchen oder sich der Welt des Grün-Tees über einen halbfermentierten Oolong aus Taiwan nähern.

MISCHUNGEN

Verschiedene Tee-Sorten werden zu einer Mischung kombiniert, die angeblich besonders auf das Wasser ihres Einsatzgebietes abgestimmt ist. Glücklicherweise gibt es für diese geschmackliche Feinabstimmung ein wunderbar mißverständliches Fachwort: Man spricht von »Blending«, Mischungen werden also »geblendet«.

Auch der Tee-Extremist trinkt gelegentlich einen solchen Cocktail – sofern es sich um die teuerste Mischung im Laden handelt. Aber Mischungen nimmt er nur in seiner Freizeit zu sich, wenn er also nicht im Tee-Dienst ist, und immer mit dem unguten Gefühl, daß man ihm etwas untergeschoben hat. Immer mehr Enthusiasten mischen daher selbst – und zwar ganz besonders individuelle Mischungen, und noch dazu jedesmal andere. Da kann man vor lauter persönlichen Geheimrezepten neidisch werden.

Chinesische Mischungen

Leichte, blumige Blatt-Tees für nachmittags und abends. Viel Gerbstoffe, wenig Coffein. Sie beruhigen den Magen.

Englische Mischungen

Ursprünglich (bis zur Mitte der 70er Jahre) handelte es sich um Blatt-Tee-Mischungen überwiegend aus Ceylon Tees mit etwas Assam und evtl. ein wenig Kenia, die einen frischen und aromatischen Aufguß ergaben. Heutzutage bestehen die englischen Mischungen meist nur aus kenianischem Broken. Prädikat: »Würg«.

Ostfriesische Mischungen

Im besten Falle findet sich in ihnen ein großblättriger Assam oder – seltener – Ceylon für den Geschmack, und dazu kommt irgendein profilloser Java oder ein langweiliger Sumatra für den Preis. Ostfriesenmischungen schmecken würzig bis feinherb und ergeben einen mittel bis dunkel rotbraunen Aufguß. Sie vertragen sich hervorragend mit Sahne.

Russische Mischungen

Glücklicherweise enthalten diese Mischungen (auch »Karawanen-Tees« genannt) keine Sowjet-Tees, sondern Blatt-Tees aus Indien und China. Kräftig, würzig, rauchig.

Earl Grey

Hochkomplexe Kombination aus China-, Indien- und Ceylon-Tees, in der schwarze, grüne und Rauch-Tees Verwendung finden. Die Mischung wird dann mit Bergamotteöl (aus der Schale einer kleinen Pomeranzenart) parfümiert – und zwar ganz leicht. Nur billige Sorten schmecken penetrant!

Angeblich war es der britische Diplomat Earl Charles Grey, der Anfang des 19. Jahrhunderts in China das Rezept erfuhr und das kostbare Geheimnis der Tee-Firma Jackson of Piccadilly übergab (worauf man dort noch heute stolz ist).

Es gibt aber auch andere Legenden, z.B. die folgende: Bergamotteöl lief zufällig im Laderaum eines Schiffes aus und gelangte in eine Tee-Kiste. Der Tee galt als verdorben und fand trotzdem seine Fans.

AROMATISIERTE TEES

Was haben Stückchen oder Schalen von Früchten, was haben Blätter aromatischer Pflanzen oder stark riechende Blüten, was haben Gewürze oder die Auszüge eines dieser Stoffe im Tee zu suchen? Rein gar nichts, jaulen die Vertreter der reinen Lehre auf, aber niemand hört auf sie.

Nein, aromatisierte Tees[4] sind für das tee-trinkende Fußvolk der Grobgaumigen, und noch dazu süßen diese Barbaren das Getränk, das sie grundsätzlich zu lange haben ziehen lassen, damit das Aroma so richtig schön hammermäßig rüberkommt. Ihnen empfiehlt der Tee-Kenner, einen Aldi-Lambrusco mit Wodka und Feinzucker zu einem Sherry aufzuwerten.

4 Ausnahme: gerade noch die Jasmin- und Lotos-Sorten chinesischer Grün-Tees.

DIE TEE-PROBE

Bei der Verkostung schwört der Tee-Liebhaber, Klima, Boden und Jahreszeit der Pflückung »schmecken durch«. Um in geselligem Kreis auch andere an seinem hochsensiblen und überaus differenzierten Geschmackserlebnis teilhaben zu lassen, beschreibt er den Zauber seiner Empfindungen mit folgenden poetischen Vokabeln:

Der Duft ist rein oder unrein, aromatisch oder unaromatisch. Die Farbe ist entweder rein und klar oder unsauber oder trübe, vielleicht hat sie sogar einen Schleier. Im Geschmack unterscheidet er aromatisch, sympathisch und gut von unsauber, fremd und unsympathisch. Und all dies setzt er in Beziehung zum großen Ganzen, denn aufgrund seiner jahrhundertelangen Erfahrung (selbstverständlich weiß er um die ewige Abfolge von Wiedergeburten) kann er sagen, ob die Charakteristika eines Tees typisch oder untypisch für das Anbaugebiet, den Teegarten, die Jahreszeit und den Jahrgang sind.

Voraussetzungen zum Genuß

Wie alle großen Künstler kann der Tee-Kenner seine feinnervige Könnerschaft nur unter optimalen Bedingungen voll entfalten. Sollte er sich bei der Beurteilung des Tees einmal irren, so liegt es am nicht optimalen Umfeld: Putzgeruch, starke Parfüms und Räucherwerk stören ihn bei der Ausübung seiner einzigartigen Begabung.

Er weiß, daß Tee nicht munden kann, wenn man sich kurz vorher die Zähne geputzt oder Knoblauch gegessen hat. Also ißt er keinen Knoblauch und putzt sich nie die Zähne.

Das optimale Verkosten

Endlich mal wieder eine Gelegenheit, um das geheimnisvolle Köfferchen unter den Augen den staunenden Mitmenschen zu öffnen und dann sogar zu benutzen! Denn so richtig amtlichen Charakter bekommt die Tee-Probe erst, wenn man sie in der Manier der professionellen Tea-Taster ausführt. Und das geht so:

Die mit der Six-Pence-Münze als Gewicht in einer Spezialpendelwaage abgewogene Test-Menge wird exakt fünf Minuten (Stoppuhr!) gebrüht. Während dieser Zeit schaut sich der Kenner das »Blatt« an, eine Tee-Probe, die er auf einen weißen Karton (nicht vergessen mitzubringen!) gelegt hat.

Nun wird der Tee aus dem Brühgefäß in die Tasse »abgegossen«. Es folgt ein intensiver Kennerblick auf die Blattrückstände.

Mit seinem klassisch schlichten und doch auch ergreifend formschönen Probelöffel nimmt er etwas Tee an die Lippen und zieht ihn laut schlürfend mehrfach in den Mund. Kurz mümmeln, konzentriert überlegen. Dann wird der Schluck in hohem Bogen in den Trichter des Spucknapfes gespuckt. Dieser beeindruckend professionelle Vorgang dauert 10 – 15 Sekunden.

Und nun folgt das Urteil, gegen das keinerlei Berufung beim Oberverwaltungsgericht eingelegt werden kann.

Gibt es einen wichtigen Unterschied zwischen dem privaten Verkosten und der Arbeit des Profis? Ein hauptberuflicher Tee-Tester kommt auf gut 400 Proben pro Arbeitstag. Das könnte der Kenner auch. Aber der Berufsschmecker muß sich nach jedem Kosten mit dem lästigen Papierkram herumschlagen.

LAGERUNG – TEE IST EMPFINDLICH

Sensibel bis hochsensibel reagiert der Tee-Trinker mit von Tee geschärften Sinnen auf die Reize seiner Umwelt, und seinem Tee geht es nicht anders. Jeden, aber auch absolut **jeden** Fremdgeruch nimmt er an.

Die Pflückerinnen der besten Sorten im alten China mußten sich ständig duschen und zur Arbeit Handschuhe tragen, so sehr fürchtete man, der Tee würde am Ende nach Pflückerin schmecken. Als die Engländer ihre Plantagen in Afrika anlegten, empfanden sie den Geruch von Negern als zu streng, und so mußte man neutraleres Personal chinesischer und malaiischer Herkunft importieren.

Aber nicht nur der farbige Mitbürger hat neben dem Tee im Schrank nichts zu suchen. Auch der weiße Wirbelwind von Ajax, Tabak, Gewürze, Käse, Tennisschuhe, das Aquarium und der Ersatzkanister sollten nicht in Tee-Nähe stehen.

Der wertvolle Tee muß nicht nur vor allen Fremdgerüchen peinlich geschützt werden. Ebenso braucht er Protektion vor Licht, Feuchtigkeit, Hitze oder Diebstahl. Wie man das anstellt? Stolz erklärt der Tee-Experte seine Aufbewahrungsgeheimnisse: In dieser überaus prächtig verzierten, vielleicht ech-

ten und ungeheuer wertvollen, weil einzigartigen Lackarbeit aus dem 17. Jahrhundert bewahrt er nicht etwa Tee auf. Dazu wäre der Tee viel zu wertvoll. Diese Dose dient ausschließlich der Dekoration, denn der Tee – genauer: die fünf verschiedenen Tee-Sorten, die der Haushalt nur vorrätig hält – muß selbstverständlich in geruchsdichten Schlauchtüten (Plastik-Alu-Plastik) gelagert werden. Nach jeder Entnahme wird sie ein bißchen weiter aufgerollt und mit einer Wäscheklammer verschlossen.

So und nur so hält Tee sein Aroma und bleibt mindestens ein halbes Jahr frisch. Bis dahin sollte die gekaufte Menge aufgebraucht sein. Der Kenner kauft daher nie mehr, als er wirklich wegtrinkt. 500-Gramm-Packungen stehen nur im Schrank geiziger Laien. Der Kenner erwirbt 125-Gramm-Gebinde und schmeißt unter keinen Umständen etwas weg.

Na schön. Aber was ist nun wirklich in der Tee-Dose? Natürlich Tee, was sonst. Allerdings nicht zum Trinken, sondern nur zum dran Riechen. Sie enthält einen intensiv duftenden, aber in der Tasse weniger überzeugenden Dekorations-Tee.

TEE-ZUBEREITUNG – DIE GROSSE KUNST DES BRÜHENS

Ob es sich beim Tee um irgendeine weitere einigermaßen trinkbare Flüssigkeit handelt, gefärbtes Wasser mit Geschmack also, oder ob da in der Tasse das allerköstlichste Kleinod steht, eigentlich zu schade zum Trinken, das entscheidet sich bei der Zubereitung. Daher kann man die Feinheiten des Brühens und Kredenzens gar nicht wichtig genug nehmen, und *zu* wichtig erst recht nicht. Dennoch bemühen sich militante Tee-Kenner immer wieder um genau das.

Sie sind eben Künstler, denn, um mit dem japanischen Tee-Oberguru Okakura zu sprechen: »Der Tee ist ein Kunstwerk und braucht Meisterhände, um seine edelsten Eigenschaften zu entfalten.«

Wasser

Das richtige Wasser

Ganges-Wasser aus dem Oberlauf dieses ungewöhnlich heiligen Flusses wird in London in kleinen Portionsbeuteln verkauft, und auch bei uns gibt es einen gut sortierten Wasserfachhandel. Aber Vorsicht: Sprudel entfällt völlig als Tee-Wasser, und die meisten »stillen« Mineralwasser aus dem Supermarkt versagen auch. Es muß schon Bergquellwasser sein, und da sind es vor allem die Bio-Läden, die einen zudem mit der Geschichte der Quelle versorgen können.

Hat man erstmal sein ganz persönliches Tee-Wasser, will man es unter keinen Umständen mehr missen. Gegen die Qualen fremden Wassers läßt sich die englische Königin ihr spezielles Tee-Wasser auf Reisen nachfliegen. Bundeskanzler Adenauer ließ auf der Heimfahrt von Bonn nach Rhöndorf täglich an einer Talsperre halten und seinen Fahrer Wasser schöpfen, und, kaum zu Hause angekommen, wurde damit sofort Connys geliebte Ostfriesische Mischung gebrüht.

Ja, das Wasser des Tee-Kenners darf nicht alt werden, es sei denn, er gefriere es schock oder kaufe gleich das als Tea-Party-Thema so überaus geeignete Grönlandgletschereis.

Abgestandenes Wasser

Abgestandenes, »totes« oder totgekoches Wasser verdirbt den Tee-Genuß, und so darf man einen Tee-Fan nie wissen lassen, ob sein Täßchen gerade mit einer guten Flasche Evian, Jahrgang 1985, oder mit Wasser aus dem Boiler bereitet wurde. Der Kenner läßt morgens erstmal fünf Liter Wasser aus der Leitung laufen – der Frische wegen.

Natürlich geht es beim Wasser nicht nur um Keimzahl und Mineralanteil. Der Tee-Trinker untersucht mit seiner für Savannentiere typischen Witterung für Wasser **sein** Wasser. Ist es lebendig im metaphysischen Sinne? Enthält es Lebensenergie ganz von allein, oder muß man ihm ein bißchen Od unter der

Selbstbaupyramide einhauchen? Jetzt kommt das Pendel zum Einsatz, das lange ein Schattendasein führte, bis man letzte Woche die Wünschelrute unwiederbringlich verbummelt hatte.

Kraneberger – Wasser aus der Leitung

Viele Tee-Freunde beziehen ihr Wasser aus der Wasserleitung. Das Wasserwerk verkauft Wasser leider nur kubikmeterweise. Aus einem solchen Gebinde

(= 1000 l) Wasser lassen sich 8000 Tassen gewinnen. Aber meist wird man auch im ostfriesischen Mehrpersonenhaushalt mit mehreren Vieltrinkern kaum mehr als 200 Tassen am Tag schaffen und die restlichen 975 Liter Wasser vom angebrochenen Kubikmeter ungenützt wegschütten müssen. Nicht jedem liegt diese Art von Verschwendung. Und nicht nur der kosmopolitisch empfindende Ostfriese muß beim Wegkippen mit Wehmut an die Freude denken, die er mit seinem ganz persönlichen Wasser den Menschen im Sahel-Gürtel machen könnte.

Spülwasser

Nicht alle Wasser, mit denen Abgebrühte gewaschen sein können, eignen sich auch zum Aufbrühen von Tee. Hier ist es zum Leidwesen der Teekenner gerade das Spülwasser, dem manche gutgemeinte Tasse Tee geschmacklich ähnelt – niemals allerdings die von ihm gebrühte.

»Schmeckt wie Spülwasser!« sagt er gern, und man fragt sich unwillkürlich, wieso der Tee-Trinker das so besonders gut beurteilen kann. Ganz einfach: Er trinkt, nicht nur aus Sparsamkeit, sondern auch aus Umweltbewußtsein und vor allem zur Schulung seiner Geschmacksknospen, immer wieder mal ein Glas Spülwasser, das ja winters wie sommers als besonders durstlöschend bekannt ist.

Filtern

Gegen nicht ganz astreines Wasser setzt der Kenner den Filter ein. Astronauten – und auch sie schätzen die anregende Wirkung des Tees – filtern sogar ihren Urin zur Wiederverwendung. Aber jetzt nicht gleich jedes Wasser in den Brita-Kohle-Filter lassen! Der angelt nur Kalk, Schwefelverbindungen und Blei heraus.

Bei der japanischen Tee-Zeremonie unterhält man sich gerne gedämpft über die Schönheit der Tee-Geräte. Vorbildlich und übertragbar: Wer sich einen aufwendigeren Filter für über 100 Mark leistet, hat automatisch ein wundervoll meditatives Gesprächsthema: Welche Mysterien verstecken sich im Innern der Plastik-Patrone, und ist das alles wirklich kein Betrug?

Es gibt zwei sehr einfache Verfahren, um die Brauchbarkeit von Wasser zu testen. Erstens: Einschicken. Zweitens: An der nächsten Tankstelle einen Liter destilliertes Wasser kaufen und in eine große Glaskanne umgießen; nun das zu testende Wasser dazu schütten. Verfärbt sich das Gemisch in der Kanne, ist das getestete Wasser abzulehnen. Das nächste Mal vorsichtiger mit einem Tee-Löffel die Pfütze abschöpfen und erst warten, bis sich die meisten Schlammteile gesetzt haben, nachdem wieder ein LKW durchgefahren ist.

Regenwasser

Regenwasser schmeckt trotz seiner vielen chemischen Beimengungen erstaunlich fade, ist aber besonders weich und nimmt daher Milch oder Sahne ideal an. Der Kenner lehnt es ab, denn er fürchtet sich nicht vor hartem Wasser. Gut, Wasser jenseits von 20 Grad deutscher Härte (dh) bindet ein paar Aromastoffe an Kalk- und Magnesiumsalze. Sehr feine Sorten können sich nicht voll entfalten. In diesem Fall wählt man herbere Ceylon-Tees, China-Sorten und manche Darjeelings.

Andererseits sind sich Experten einig, daß deutsches Leitungswasser praktisch nirgendwo zu hart für den Tee-Freund ist. Kalk schlägt sich zudem beim Wasserkochen als Kesselstein nieder. Man muß also nicht unbedingt ohne Wissen des Vermieters einen eigenen Brunnen graben.

Wasserkochen

Wasserkochen ist für den Tee-Kenner, wie alle anderen scheinbar harmlosen Betätigungen auch, eine wahre und vor allem große Kunst. Er beobachtet Brodeln und Blasenbildung und fragt sich, ob das nun noch die von den Chinesen poetisch beschriebenen »Bläschen wie Fischaugen« und »Krabbenschäumchen« des »ersten Kochens« sind oder doch schon »Blasen wie kristallene Tropfen in einem Springbrunnen« des zweiten. Etwas einfacher erkennen kann auch der Laie das »dritte Kochen«: die »sich wild aufbäumenden Wogen« wallen wild im Kessel.

Dazu noch ein paar Feinheiten für Tee-ologen, die, wie im neunten Jahrhundert in China üblich, den Tee nicht brühen, sondern kochen. Beim ersten Grad Salz zugeben, beim zweiten den Tee, und den dritten Brodelgrad schrecken wir mit einer Kelle kalten Wassers ab, damit der Tee sich setzt und die »Jugend des Wassers wieder auflebt«.

Wer beim Kochen von Quellwasser besondere Probleme bemerken sollte, dem kann mit T'ien Yi-hengs Ratgeber »Das Kochen von Quell-Wasser« geholfen werden. Nachfolgebände über Bach- und Leitungswasser sind leider trotz großer Nachfrage nicht erschienen.

Selbstverständlich unterscheiden die Chinesen zwischen dem Wasser einer Quelle und dem eines Baches. Tee-Trinker haben es nun mal mit dem Differenzieren. Ein Tee-Freak wie Kaiser Hui-Tsung z.B. steckte 23 Jahre seines sicher anstrengenden Arbeitslebens in die poetische Beschreibung von 20 edlen Tee-Sorten.

Er opferte sich dem Tee und ließ seine Minister dem Tee opfern, wenn sie die Sorten geschmacklich nicht unterscheiden konnten (Kopf ab; Werkzeug: Schwert).

Die Chinesen fanden das Wasserkochen so kompliziert, daß in dem einschlägigen Lehrbuch Ch'a-king empfohlen wird, zwei Diener eigens für Herd und Kessel anzulernen. Deren Arbeitsleistung war dann auf die Versorgung von drei Gästen beschränkt, bei größeren Tea-Parties brauchte man mehr Personal zum Brühen.

Wie gesagt: Wasserkochen ist äußerst schwierig. Als Feuerstelle wünschen wir uns einen Eimer mit Holzkohle, deren Jahresringe gut sichtbar sein müssen, was für den japanischen Fan von großer Bedeutung ist. Beim Zündeln im Wohnzimmer auf genügende Entlüftung achten, sonst droht Vergiftung durch Kohlenmonoxid.

Nun zum Wasserkochen selbst. Natürlich steht der Tee-Enthusiast meditativ entspannt vor seinem Wasser und – wartet. Nur Barbaren verwenden Alu-Kessel mit Pfeife.

Der Signalton der Pfeife hat so gar nichts Fernöstliches, und Aluminium schmeckt man durch. Wir besitzen einen individuellen, fast schon persönlichen, also teuren Kupferkessel[5], der innen verzinnt ist.

Schrott im Kessel

Unvergleichlich ist der symphonische Wohlklang des gemütlichen Brodelns im Kessel, und die Japaner werfen Eisenstücke in das geheiligte Gefäß, um den musikalischen Hochgenuß zum wahrhaft kultivierten Summen zu steigern. Auch unsere Gäste staunen nicht schlecht über unser Höchstmaß an Kennerschaft, wenn wir ihnen erklären, was das Hufeisen und der andere Schrott im Teekessel verloren haben.

Nein, selbstverständlich schenken wir keinen rostigen Tee aus, denn im Laufe von Jahrhunderten steter Benutzung hat sich längst eine beeindruckende Patina aus Kalkablagerungen und Teeresten um die eisernen Fremdkörper gelegt. Die ersten paar Tassen – damals –, die waren vielleicht nicht ganz sooo lecker ...

Unterschiedlich teuflische Gifte

Doch verweilen wir, gemütlich natürlich, noch ein wenig beim Leitungswasser. Da gibt es himmelweite Unterschiede: Das eine ist mehr mit Nitraten, das andere mehr mit Schwermetallen, ein drittes vor allem mit Eisen und im Ausland sogar mit Fluor verseucht. Und ganz sicher mischt gerade unser Wasserwerk ein besonders teuflisches Chlor unter, das nicht, wie das Chlor anderer Städte, beim Kochen sofort völlig verdampft.

Der Tee-Kenner leidet viel und gern unter seiner Sensibilität. Jedenfalls kann er, zur Verblüffung der Normalsterblichen, immer genau herausschmecken, welches Wasser verwendet wurde, vor allem übrigens, wenn man es ihm vorher gesagt hat.

Gegen Chlor und Aids-Erreger[6] würde ausgiebiges Kochen helfen (unter Überdruck im Schnellkochtopf übrigens besonders), aber schnell ist die Lebendigkeit des Wassers dahin, allzu rasch die Lebensenergie verstümmelt, das Wasser totgekocht. Und mit sowas geben sich nur rohe, primitive Naturen zufrieden, also z.B. die Russen.

Russen vergewaltigen sogar Wasser

Nichts vergewaltigt frisches Wasser schlimmer als das auch nach der Perestroika übliche Dauerkochen im Samowar! Und auch die großen Behälter mit dem heißen Teewasser, die man überall auf russischen Bahnhöfen zur Gratisbenutzung findet, taugen als Serviceleistung gerade für die Tee-Beutel mit Billigverschnitt, die man in der UdSSR auch noch selbst mitbringen muß!

5 Ein Kessel aus Edelstahl tut dieselben Dienste, hat aber weniger Stil. Obwohl es inzwischen von Alessi ein paar Kessel gibt, deren Preis Uneingeweihte erst glauben, nachdem man ihnen die Quittung gezeigt hat.

6 Selbstverständlich stand im Original-Manuskript des Autors: »Aids-Bakterien«. Aber der Humorexperte Norbert Troche fand das zu albern. Schade.

DOSIEREN

Den Teelöffel schätzt der wirkliche Kenner als Dekoration, nicht aber zum Umrühren oder als Maßeinheit. Erstens duldet er in seinem Tee nichts, das man umrühren müßte, und zweitens weiß jeder halbwegs kultivierte Mensch, daß man pro Tasse (= 150 ml) 2,83 Gramm Blatt-Tee braucht. Da das zufällig dem Gewicht der englischen Six-Pence-Münze entspricht, kramt der Experte nun seine Münzsammlung hervor – sofern er nicht sowieso, wie jeder, der professionell mit Tee und dessen Verkostung zu tun hat, ein paar Six-Pence in der Tasche bei sich führt. Dann nimmt er eine vorschriftsmäßige Pendel-Teewage aus ihrem mit Samt ausgeschlagenen Tropenholzkästchen[7] und beginnt mit dem Wiegen.

Gern stellt sich der Experte etwas umständlich an, er will ja nicht in den Verdacht geraten, er könne nur deshalb so geschickt mit Kleinstmengen umgehen, weil er während einer jahrelangen und dunklen Vergangenheit mit Rauschgiften trainiert hat. Daher reinigt er die Waagschale auch nach jedem Erwerb von Rotem Libanesen sorgfältig.

Doch so genau geht es nicht immer zu. Besonders praktisch denkende Tee-Freunde messen mit der Waage die typische Tassen-Menge Tee ab und merken sich zu jeder ihrer vielen Sorten, wie das vorschriftsmäßige Häufchen auf welchem der vielen Stücke aus der hauseigenen Kollektion historischer Tee-Löffel (in jedem Hotel passend zum Handtuch geklaut) aussieht. Als Gedächtnisstütze kann ein entsprechendes Polaroid-Foto mit einer Wäscheklammer am jeweiligen Tee befestigt werden.

Neid auf fließendes Englisch

Die englische Regel, einen Teelöffel (= ca. zwei Gramm) pro Tasse und schließlich einen zusätzlichen »one for the pot« abzumessen, war schon immer nur eine Faustregel für die grobgaumigen Massen. Wer sie vorträgt, um in einer ernsthaften Tee-Runde zu glänzen, wird von Experten höflich um seine Englischkenntnisse beneidet und dann noch höflicher über die ebenso verbreitete wie falsche Meinung der Laien aufgeklärt, in England gebe es eine Tee-Kultur. Doch dazu später.

Wir Deutschen jedenfalls, inzwischen weltweit Hauptimporteur für erstklassige Tee-Sorten!, also Weltmeister!, bestehen auf Qualität in der Tasse – und das heißt auch: Ein guter Tee darf nicht zu dünn sein!

Dosis und Farbe

Gern schenkt der Gastgeber Tees aus, die in korrekter Dosierung viel zu dünn oder viel zu stark aussehen. Dann kann er sich der dummen Fragen seiner Gäste sicher sein und hat eine Möglichkeit zu Mission und Belehrung.

Staunend und dankbar erfahren seine Zuhörer, daß die Farbe des Tees ganz von der Sorte und vor allem ihrer Fermentierung abhängt. Beim Zerreißen der Blätter tritt deren Zellsaft aus, und bestimmte seiner Inhaltsstoffe oxidieren an der Luft gelblich bis braun. Grüner Tee wird gar nicht fermentiert und ergibt daher »eine helle Tasse«; die teuren Schwarz-Tees aus unzerstörten Blättern geben nur wenig Saft ab und färben mittel; die kräftigsten Farben darf man von Broken-Tees erwarten, die besonders stark zerrissen sind und dank ihrer größeren Oberfläche bei der Produktion stärker fermentiert werden und in der Tasse ergiebiger sind. Tja . . .

7 Es darf Tropenholz sein, weil man das Set schließlich als Erbstück angeschafft hatte und künftige Generationen nicht mit zweiter Wahl abspeisen möchte.

KANNENFORSCHUNG

Die individuelle Kanne ist etwas überaus Persönliches für den Tee-Trinker. Unter seinen vier bis sieben allesamt ästhetisch anspruchsvollen Tee-Kannen hat er seine Lieblingskanne. Mit der will man selbstverständlich, dem Vorbild des großen Gelehrten Chou Wen-Fu folgend, auch begraben werden. Hoffentlich schänden nicht Grabräuber unsere Ruhestätte, denn natürlich sind alle hinter dieser Kanne her. Warum? Sie war in der Anschaffung nicht billig, aber nach Tausenden von Brühungen paßt nur noch die Hälfte in sie hinein, so dick ist die Patina an ihren Innenwänden.

Diese enorme Wertsteigerung, die vollkommene, einzigartige Identität und gemeinsame Geschichte, diese intime Freundschaft zwischen Mensch und Kanne kann nur der erleben, der seine Kanne nach Benutzung bloß kurz mit kaltem Wasser ausspült. Stolz zeigt er die Jahr um Jahr wachsende Kruste aus Tee-Ablagerungen vor und weist darauf hin, daß bei der japanischen Tee-Zeremonie niemand in neu wirkender Kleidung erscheinen darf, weil dies als zu unharmonisch empfunden wird. Stimmt: Jeans sollten ausgewaschen sein, aber keinesfalls wie frisch als stone-washed gekauft aussehen.

Und macht nicht gerade das etwas Schrullige und Verschlampte den Charme der Tee-Liebhaberei aus?

Ketzerei gegen die Patina

Westlich-vernünftige Tee-Liebhaber äußern in letzter Zeit ketzerische Gedanken. Sie halten die Idee der Patina für einen überkommenen Kult. Früher habe man die Patina gebraucht, um dank ihres Schutzes auch in Silberkannen einen überzeugenden Tee kredenzen zu können. Und auch bei innen unglasierten Keramikkannen sei die Regel verständlich, sie nicht mit Spülmittel zu säubern. Das ansonsten so vielfältig nützliche Palmolive würde sich in den Poren der Kanne festsetzen und nicht nur den Geschmack künftiger Brühungen versauen, sondern auch die vom Aussterben bedrohten Bakterien stören, die es sich in diesen Poren gemütlich gemacht haben.

Die Tee-Avantgardisten plädieren mit dem (überaus westlichen) Argument von Geschmacksneutralität und Hygiene für die Umstellung auf Glas- oder glasierte Keramikkannen, die nach jeder Benutzung ganz normal gespült werden sollen. Was der klassische Tee-Kenner für die Perle der Tradition und organisch hält, lehnen die Neuerer als eher unappetitlich ab. Eine benutzte Tee-Tasse spüle man schließlich auch.

Schön, antworten die Bewahrer, es gibt ein Argument gegen die unglasierte Tonkanne: Sie nimmt den Geschmack von Aroma-Tees an. Das Problem ließe sich leicht beseitigen: Man nimmt für jede Tee-Richtung eine eigene Kanne. Und überhaupt fängt Liebhaberei da an, wo man vor der Vernunft nicht stramm steht.

Rein physikalisch gesehen kann man Sekt auch aus Kaffeetassen trinken. Tee-Trinken – das ist eine der letzten Bastionen gegen die unmenschliche Logik.

Kannen-Konsens

Für uns heißt das zweierlei: Entweder wir schlagen uns auf die Seite des Fortschritts und beeindrucken unsere Gäste durch kenntnisreich vorgetragene Argumentation; oder wir plädieren für die Überlieferung und zitieren die großen Asiaten, um als Kenner zu gelten.

Auch die Versöhnung ist vorgezeichnet: Selbst die Progressivsten schrecken vor der Vorstellung zurück, in ein und derselben Kanne könne, zwischen zwei noch so intensiven Reinigungen, Tee und Kaffee gereicht worden sein. Empört springen alle auf – ALLE! Dieses Tabu behauptet sich gegen jede Vernunft.

Tee-Kannen aus Metall

Tee sollte nie mit Metall in Verbindung kommen, weil seine Gerbsäuren sofort unangenehm schmeckende Verbindungen selbst mit Silber eingehen. Nur zu Edelstahl und Gold verhalten sich die Inhaltsstoffe des Tees neutral. Will man seine Silberkanne nicht wegwerfen, so muß sie sofort von innen vergoldet werden.

Der Streit ums Vorwärmen

Seit einiger Zeit wird auch die traditionelle Regel vom Vorwärmen der Kanne durch manche Experten in Frage gestellt: Wenn man Tee in einer vorgewärmten Kanne brühe, müsse man noch länger warten, bis der Tee nach dem Ziehen endlich genügend abgekühlt ist, um die Zunge nicht zu verbrennen. Die vorgewärmte Kanne verführt also dazu, in englischer Art ein Fünftel kalte Milch in die Tasse zu geben und damit den wahren Genuß einer Spitzensorte zu entwerten. Ja, antworten die Vorwärmer, aber nur die Ungeduldigen. Der Tee brauche nämlich für die Entfaltung seines Aromas die volle Hitze. Ist das bewiesen? Nein. Und sein Gegenteil? Auch nicht. Was dann? Und so weiter ...

Tropfende Kannen – fallende Deckel

Liebenswert! Alle Gäste hoffen, daß der Gastgeber kleckert. Denn traditionell schenkt nur er aus und nach und allen einen schönen Nachmittag.

Die meisten Kannen sind Fehlkonstruktionen, die uns einreden wollen, wir seien selbst für die einfachsten Handgriffe zu blöd. Wieder mal typisch Fernost: Man will uns Demut beibringen.

BRÜHTECHNIK UND BRÜHTECHNOLOGIE

Der große Mülleimer

Schockiert vernimmt der Laie, er müsse fast seine gesamte Tee-Fan-Ausrüstung wegschmeißen, wenn er zum Kenner aufsteigen will. Ja, doch, auch und gerade die schönen Tee-Eier – die schäbig angelaufenen (wahrscheinlich) versilberten Eier ebenso wie die (angeblich) rostfreien Edelstahleier mit dem Rost an den Löchern, und dann noch die mit Kette, die Brühlöffel mit Stiel und sogar die Tee-Eier aus geschmacksneutralem Porzellan. In ihnen kann sich der Tee beim Ziehen nicht entfalten.

Ist noch Platz im Mülleimer? Dann kommen sämtliche Siebe hinterher und auch noch die Tee-Strümpfe, die man immer an schwer einsehbaren Orten zum Trocknen aufhängte.

Begründung folgt:

Das ganz genau richtige und vorbildliche Brühen

Fein ergießt sich das gerade erst aufgebrodelte, lebendige, noch nicht totgekochte Wasser über den Tee am Boden der Kanne. Die Blätter quellen zu dreifachem Volumen auf und geben ihren unvergleichlichen Inhalt ans Wasser ab. Nichts stört sie dabei, völlig frei wirbeln sie in den thermischen Strömungen des Brühwassers herum.

Ja, völlig frei! So, und wirklich nur genau exakt so, ist es richtig! Die Enge des Tee-Eies und auch der Tee-Strumpf lassen dem Tee nicht genug Freiraum zur Selbstverwirklichung, und Experten wissen selbstverständlich, daß man durch Heben und Senken und Rütteln und Schütteln und Auspressen des

Strumpfes auch die mysteriösen Geschmacksstoffe gewaltsam aus dem Tee treibt, die das feine Aroma erdrücken. Der Strumpf ist also falsch, falsch, falsch! Auf Wiedersehen, du hübscher brauner Strumpf. Auch die Filter-Einsätze aus Keramik erlauben dem Wasser nicht, den Tee zu umspülen. Weg damit.

Ziehzeiten

Selbstverständlich ordnet sich der Tee-Trinker nicht dem Diktat der Uhr unter. Jede Hektik ist ihm so fremd wie Rolex oder Swatch. Er hat sich der Zeitlosigkeit verschrieben. Und daher ist die Frage besonders interessant: Wie mißt so jemand die so wichtige Ziehzeit?

Er konzentriert sich meditativ auf seinen Herzschlag oder zählt, ebenfalls meditativ, von 21 bis 157, denn das sind dann genau drei Minuten, oder bis 238, also fünf Minuten.

Der musikalische Tee-Freund hat eine Kollektion verschiedener Stücke, die seinen jeweiligen Tee zur gewünschten Entfaltung bringen und durch die Schwingungen der Musik sicher auch irgendwie positiv beeinflussen.[8] Vielleicht lassen sich seine Gäste bei der Gelegenheit zu einem etwas verfeinerten musikalischen Geschmack anleiten ...? Während einer Wartezeit ohne Gäste spricht man mit den Zimmerpflanzen.

Selbstverständlich besitzt ein Tee-Trinker wenigstens ein einzigartiges und sammelwürdiges Schachbrett und die dazu passende internationale Schach-Wettkampf-Uhr. Noch besser läßt sich die Zeit allerdings mit einem Tea-Timer vermessen.

Wieviele Sekunden man den Tee im Wasser läßt, richtet sich ganz nach dem Einsatzzweck des Aufgusses. Nach zwei Minuten ist ein Großteil des Coffeins ins Wasser übergegangen, und so läßt man den Tee genau drei Minuten ziehen, wenn man eine anregende Wirkung wünscht. Läßt man ihn, wie bei professionellen Tea-Tastern üblich, fünf Minuten ziehen, lösen sich auch seine Gerbstoffe (Tannin), und er entwickelt eine beruhigende Wirkung auf Magen und Darm. Die Ostfriesen lassen den Tee bis zu 13 Minuten lang ziehen, und die barbarischen Engländer werfen einen Riesenteebeutel in die Kanne – um ihn für immer dort zu lassen!

Ausfiltern

Nach dem Ziehen gießt der Tee-Experte den Tee in die Kanne um, aus der getrunken werden soll. Die Blätter setzen sich während des Ziehens am Boden der Kanne ab und schaffen es in ihrer ganz großen Mehrheit nicht, durch die Enge der Tülle (oder den Ausgußschlitz am Deckel von modernen Glaskannen) zu entkommen.

Filterpapiere sind für verspielte Barbaren gedacht. Diese konsumterroristischen Produkte rauben dem Tee (wie übrigens auch dem Kaffee!) ein Drittel des Aromas.

Warmhalten – Foltern und Töten des Tees

Das Abwarten beim Tee-Trinken sollte man nicht übertreiben, denn nach spätestens einer Dreiviertelstunde wird frischer Tee alt. Bis dahin ist er ohnehin nur noch lauwarm – und sollte getrunken sein.

Gegen diese leider sehr kurze Lebensdauer des Tees kann man nichts machen, im Gegenteil: Noch viel schneller wird Tee ungenießbar, wenn man ihn warmzuhalten versucht. Das urgemütliche Flämmchen der Kerze eines Stövchens tötet den Tee innerhalb von 20 Minuten, und auch Warmhalteplatten verlängern seine Genießbarkeit nicht. In der Thermosflasche erstickt der Tee. Einzig die Tee-Haube, die wie ein Wintermantel über die Kanne gestülpt wird, lassen wir durchgehen.

Tee-Genießer freuen sich über die geringe Haltbarkeit des Tees – es macht ihnen Spaß, alle Nase lang das komplizierte Ritual der Tee-Zubereitung wiederholen zu müssen.

Wohin mit dem Satz?

Jahrtausende lang haben Tee-Experten darüber nachgedacht, wie man vermeiden kann, Tee-Abfälle einfach wegzuschmeißen. Die Inder kamen auf die Idee, den Satz ein zweites Mal zu verwenden oder zu indischem Milchtee mit Zucker und Gewürzen aufzukochen.

Erst die Engländer haben das Problem wirklich elegant in den Griff bekommen. Zur Teppichreinigung eignen sich die Reste, so behauptet die Engländerin Mrs. Isabella Beeton in ihrem 1700-Seiten-Buch »Household Management«, dem Klassiker für jungverheiratete Frauen: einfach verstreuen. Vorher muß man nur überprüfen, ob der Teppich dunkel und gemustert genug war. Nein? Dann ist er's jetzt.

Gebrauchte Teeblätter, mehrere Tage stehengelassen, kann man mit kochendem Wasser aufgießen und dann abseihen. Diese Flüssigkeit bewährte sich bei Frau Beeton als prima Politur für Spiegel, Fenster, Glas und poliertes Holz. Außerdem kann man den Tee-Satz in dem Topf aufkochen, in dem man Fisch zubereitet hatte, und weg ist der lästige Geruch. Und selbstverständlich eignet sich Alt-Tee auch als Rosendünger.

8 Vollenweider, Dire Straights, Vivaldi und alle anderen Spitzenprodukte der Kitschforschung.

ERLAUBTE ZUSÄTZE

Milch

Wenn nicht gerade eine der unbezahlbaren Spitzensorten die Tasse füllt, erlaubt sich auch der Kenner den Zuschlag von Milch, Sahne[9] und vielleicht sogar Zucker. Im Falle der Flüssigkeiten, die dem Euter von Kühen entzogen worden sind, müssen allerdings viele Entscheidungen gefällt werden, bevor die Tasse endlich – die Gäste haben kaum noch damit gerechnet – an die Lippen gesetzt werden kann.

Ob die Milch von psychisch unausgeglichenen Kühen stammt oder von den einzig akzeptablen glücklichen, mag der Laie der Beschriftung der Dose entnehmen – die ein Experte aber leider ablehnt. Er besteht auf frischen Molkereiprodukten und hält im Nebenzimmer Kühe[10]. Ist dazu die Wohnung zu klein, muß er sich bei der Auswahl der optimalen Milch ganz auf sein Milchgefühl verlassen. Und tatsächlich haben viele Tee-Kenner im Laufe langer Jahre eine Art zweites Milchgesicht entwickelt. Gerade im Bioladen.

Ungeübte Barbaren tun sich da viel schwerer. Als der Premierminister Cecil Rhodes einmal beim Baron Rothschild zu Gast war, entschied er sich für Tee am Morgen. Es war schon schwierig genug, sich unter den endlos vielen, vom Butler angebotenen Sorten für eine zu entscheiden. Als er dann für Milch im Tee votierte, wurde er gefragt, die Milch welcher Rinderrasse er an diesem Morgen bevorzuge: »Jersey, Hereford oder Shorthorn, Sir?«[11]

Auch in unserem profanen Leben fängt das Milchproblem an, kaum daß man sich zugunsten der Milch als solcher entschieden hat. Schon stellt sich die Frage der Dosierung, vor allem, wenn das Personal die Pipetten wiedermal verlegt hat. Aber warum soll man nicht ausnahmsweise mal fünf Milliliter gerade sein lassen? Ja, denn Tee-Kenner sind spontan und undogmatisch. Schön. Also kann die Milch nun endlich reingekippt werden?

Nein! Denn noch ist nicht an der Frage des Rührens gerührt!

Die Rühr-Religionen

Einerseits könnte man den westlichen Hang zur Energieverschwendung praktisch und obendrein symbolisch hinterfragen, indem man die Milch in die

Tasse gibt und erst dann den Tee eingießt – sich also das Rühren spart. So tun es die Engländer. Sie wissen auch: Nur wer auf Rühren verzichtet, nutzt die Tasse innen nicht ab.

Andererseits liegt der Fall viel, viel komplizierter: Schon aus der Homöopathie und durch Dr. Rudolf Steiners anthroposophische Rührpräparate für die biologisch-dynamische Landwirtschaft wissen wir, daß es immer wieder das Rühren ist, welches irdische Stoffe mit feinstofflichen Qualitäten des Kosmos anreichert – auch wenn die westlich ignorante Schulwissenschaft dies nicht begreifen will, weil ihre Methoden zur Beweisführung zu grob sind.

Einfacher gesagt: Das Rühren verbessert das Gerührte, im kosmischen, ganzheitlichen Sinne.

Wer also zuerst die Milch in die Tasse gibt, muß dann auch noch Zucker nehmen, um einen Vorwand zum Rühren zu haben. Doch halt: Schon wieder tappen wir in die Falle westlich-analytischen, zwanghaft vernünftigen Nutzdenkens! Stimmt doch alles nicht – man könnte ja trotzdem Rühren, auch und vielleicht gerade weil es unnötig und damit gegen jede Vernunft ist. Und dann noch ein zweites Mal, wenn es den Zucker zu verrühren gilt.

Rührfeindliche Bekenntnisse

Nun gibt es allerdings auch eine Glaubensrichtung innerhalb der Tee-ologie, die das meditative Rühren ganz ablehnt. Ihr Verbreitungsgebiet erstreckt sich von Arabien über Ostfriesland bis in die Sowjetunion. Der Grundgedanke, der hinter der Rührfeindlichkeit dieser Regionen steht, läßt sich am besten bei den Ostfriesen studieren:

In die leere Tasse kommt ein großes Stück weißer Kandis-Zucker (Kluntje); über ihn gießt der Gastgeber (!) den Tee in die vom Gast angereichte Tasse; der Tee löst langsam einen Teil des Kandis auf, und dabei knistert es aus bisher wissenschaftlich nicht hinreichend erforschten Gründen in der Tasse; nun wird mit einem ganz besonderen Löffel etwas Sahne in die Mitte der vollen Tasse gegeben; die Sahne verteilt sich als Wolke (= »Wulkje«) in der Tasse. Nun kann mit dem sachgemäß vorsichtigen Trinken begonnen werden.

Nur weil auf das Rühren verzichtet wurde, kann der Ostfriese beim Leeren seiner Tee-Tasse drei grundsätzlich unterschiedliche Erfahrungen machen und sich an ihren unendlich vielen Übergängen erfreuen. Ganz treffend sagt er von sich, er trinke »dreistöckig«: Beim Antrinken* der Tasse, was eher ein Abtrinken ist, genießt er die äußeren, oberen Schichten, und die bestehen aus schwarzem Tee ohne Beimengung von Milch oder Zucker. Je weiter er sich in die Mittellage (2. Stock) heruntertrinkt, desto stärker mischt sich die Sahne dem Geschmack bei, und zum Fuß (3. Stock)** der Tasse hin wird es zudem immer süßer.

Diese Aussage stimmt für die zweite Tasse nicht ganz, weil ja der Tee nicht nur auf den Kandis (er ist erst nach der dritten Tasse verbraucht!), sondern auch auf den zähflüssigen Zuckerrest der ersten Tasse gegossen wird.

Für die russische und arabische Trinksitte gilt dasselbe Prinzip, nur daß hier statt Sahne oder Milch lieber eine fünffache Dosis Zucker genommen wird.

Zucker

Gern sieht es der Kenner nicht, aber er würde die Verwendung von Zucker auch nicht mit Strafe belegen lassen, sollte man ihm je aufgrund seiner überlegenen Weisheit die Weltherrschaft antragen.

Profane Raffinade (lose oder Würfel) ist nicht falsch, aber schon aus rührakustischen Gründen bevorzugt der Experte weißen Kandis. Nichts geht über die Magie des Kristalls, und außerdem kann man ihn schön umständlich mit der Zuckerzange (= »Kluntjesknieper«) aus der Dose in die Tasse befördern und darauf hoffen, daß man dabei nach wenigen Jahren Übung nicht mehr spritzt.

Der braune Kandis besteht aus gebranntem, also karamelisiertem, Zucker und ist nicht neutral im Geschmack. Er wird, wenn überhaupt, nur zum Süßen von Aroma-Tees eingesetzt. Dasselbe gilt für Rohrzucker.

Honig hat wegen seines starken Eigengeschmacks nichts im Tee zu suchen, auch wenn diesem Süßstoff gerade in alternativen Kreisen zäh der Ruf anhaftet, alles »gesund« zu machen, in das man ihn rührt.

Rum

Eine besonders raffinierte Form des nicht raffinierten Zuckers schätzen viele Tee-Freunde als Abwechslung in der Tasse, manche sogar als Wasserersatz: Rum.

Immer wieder lautet die Preis- und Gewissensfrage: Tee mit Rum oder Rum mit Tee? Der Kenner hat zwei Tassen vor sich stehen und versucht im Doppelblindtest herauszufinden, wo der Unterschied liegt. Leider muß er schon bald aufgeben und sich mit der für Tee-Trinker typischen Gelassenheit sagen (bzw. lallen): »M-mm-mo-morg-gen iss-t au no-o chein T-tta-ch!« – an dem man sich der wissenschaftlichen Forschung opfern und danach noch prima Autofahren kann.

Für die Experimente mit Rum wählt man nur die besten Sorten aus dem Mutterland des Reggae. Dosierungsvorschlag des wirklichen Kenners: ca. drei Tropfen pro Tasse eines kräftigen, würzigen Tees.

* Das Erdgeschoß enfällt aus mathematischen Gründen.
** Oder ist der 3. Stock der 1. Stock?

Was man zum Tee reicht

Das definitive Tee-Gebäck hat man natürlich selbst gebacken. Kein noch so edler Hofkonditor könnte mit der Einmaligkeit und Individualität der aus dem eigenen Ofen geholten Köstlichkeiten konkurrieren. Wer wollte sich kleinlich beschweren, wenn das do-it-yourself-Endprodukt mal etwas alternativer geraten sein sollte als geplant, sich also von einem Stein nur am Geschmack unterscheiden läßt?[12]

Stilechtes gefällig? Natürlich kann man, statt nach original altenglischen Rezepten Muffins und Scones zu backen, auch andere Inselspezialitäten zubereiten. Im Lande des gesüßten Fleisches werden zum Tee labberige Weißbrotscheiben (ohne Kruste) mit Gurken oder diversen anderen Brotaufstrichen gereicht, für die gilt: das Auge ißt mit – und da wir in England sind: am besten nur das Auge.

Moderne Tee-Forscher vermuten, daß die Engländer durch besonders fade Snacks ihren Gästen vorspiegeln wollen, der angebotene Tee sei – weil so viel köstlicher als die Speisen – von akzeptabler Qualität.

Außer den Briten veranstalten auch die Russen beim Tee Mutproben:

Essen Sie gern Marmelade? Nein? Ach, deshalb stehen die drei Schwartau-Gläser schon seit über einem Jahr angebrochen im Regal. Schöpfen Sie einfach die Schimmelschicht ab, und legen Sie den Rest der Marmelade auf einen schönen Teller. Jeder Gast bekommt einen Löffel, und sie reichen grusinischen Ziegeltee (der zwar nach eingeschlafenen Füßen schmeckt, aber »interessant« ist) und erklären den Gästen Ihres »Russischen Tee-Nachmittags« den Umgang mit den vor ihnen aufgebauten Zumutungen: Der Russe nimmt einen Löffel Marmelade in den Mund und kippt dann schwarzen Tee (ohne Milch, aber mit Zitrone) drüber. Erkundigen Sie sich, ob Ihnen jemand einen Samowar pumpen kann. Bedauern Sie, daß Raissa leider in letzter Sekunde abgesagt hat. Halten sie eine vollständige Erste-Hilfe-Ausrüstung bereit. Und noch eine zweite – für den Moment, wenn die erste alle ist.

---

9 Man nimmt nur die allerbeste Sorte, und davon wenig: ein halber Tee-Löffel pro Tasse reicht.

10 Er melkt sie selbst, auch aus Trainingsgründen: Sensibilität kann man im Leben überall brauchen.

11 Ein wirklicher Kenner hätte natürlich gern eine etwas opulentere Auswahl gehabt. Aber wenn man zu Gast ist, schweigt man vornehm.

12 Ich möchte in diesem Zusammenhang auf die Unterschiede zwischen Holzkohle und Steinkohle hinweisen, wenn man Oetker- statt Bio-Teig benutzt hatte.

DAS DEFINITIVE SERVICE

Tassen und Tassenersatz

Seit Jahrhunderten beschäftigt das Trinkgefäß die Tee-Trinkergemeinden, hat man doch recht früh festgestellt, daß sich frisch gebrühter Tee nur sehr schwer aus der hohlen Hand trinken läßt. Im klassischen China gab es kein Styropor, aber Pappbecher hätte man sicherlich herstellen können. Man tat es nicht – aus gutem Grund: sie lassen sich so schlecht spülen.

Steingut, Glas und Porzellan allein sind würdig, den Tee zu halten. Aber es kommt auch auf ihre Form an. Tee trinkt man nicht aus der Kaffee-Tasse!

In der Welt des Tees gilt die Regel: Für jede kultische Kleinigkeit ein eigenes Gerät. Doch damit nicht genug: Diese Tee-Dinge bleiben dann ausschließlich der Verwendung im Zusammenhang mit Tee vorbehalten. Aus der Tee-Tasse darf unter absolut überhaupt gar keinen Umständen eine andere Flüssigkeit getrunken werden als Tee.

Deshalb ist es ein Zeichen für den Verfall unserer Kultur, wenn man heute überall Tassen angeboten bekommt, die sowohl als Tee- als auch als Kaffee-Tasse gemeint sein könnten und obendrein achteckig geformt sind. Diese Neutral-Tassen haben im Tee-ologen-Haushalt nichts zu suchen! Bitte stehen Sie jetzt auf und zerstören Sie diesen Plunder! Für nächste Woche tragen Sie sich täglich eine gründliche Haussuchung bei Freunden ein.

Todesgefahr durch Henkel

Der kompromißlose Kenner besitzt keine Tassen und erst recht keine Becher. Er duldet keine Henkel in seinem Haushalt, sondern besteht auf Tee-Schalen.

Warum?

Immer wieder passiert es dem Benutzer der Henkeltasse, daß er die Temperatur des Tees beim ersten Schluck unterschätzt und sich die Zunge verbrennt. Bei der henkellosen Schale kommt das nie vor, denn sie ist, wenn der Tee in ihr gefährlich heiß ist, selbst so heiß, daß man sie gar nicht bis an die Lippen heben kann.

Seine Zunge verbrennt sich der wahre Experte somit nie. Zum Glück, denn wie jeder Mediziner weiß, erzeugt die häufige Überhitzung von Gewebe Krebs.

Nicht umsonst zählt der Zungenkrebs zu den Berufskrankheiten der Köche, weil die ständig ihre Gerichte abschmecken müssen und sich dabei oft die Zunge verbrennen.

Der Henkel erlaubt das Zungeverbrennen und ist somit als krebsauslösender Faktor erkannt. Er sollte endlich durch gesetzliche Maßnahmen bekämpft werden! Sicher werden es Tee-Trinker sein, die die ersten Schritte in diese Richtung gehen.

Wer sich keine Tee-Schalen leisten kann, sollte sich ein digitales Präzisionsthermometer anschaffen, um vor dem Trinken die Durchschnittstemperatur des Tees in der Tasse zu messen. Man strebt etwa 65 Grad an, ab 70 Grad ist Krebs unvermeidlich.

Übrigens kann man sich sehr schöne Schalen selbst basteln: Tasse nehmen, Henkel abschlagen.

Grundsätzliches zum Tee-Löffel

Viel Leid könnte der Welt erspart werden, gäbe es endlich mehr Sachkunde im Umgang mit dem Tee-Löffel. Zu oft sieht man allenthalben Tee-Löffel-Mißbrauch: vom Essen des halbrohen Frühstückseies bis zum Aufkochen des Heroins.

Dabei ist der Tee-Löffel doch vor allem symbolisch gemeint! Er, und er allein, ist der Löffel der Hoffnung, der, wenn er im leeren Glase steht, sagt: »Ich hoffe, daß das Glas nicht platzt, wenn gleich brühend heißer Tee hineingekippt wird.«

Natürlich ist er auch dekorativ und ein Beweis für den guten Geschmack derjenigen, die einem das Besteck geschenkt haben. Weiterhin eignet er sich als wundervoller Zeitvertreib, denn man kann mit ihm spielen, kleine Reliefs ins Tischtuch drücken, ihn an die Tischkante gelegt festhalten und zum Schnarren bringen oder gradzahlige Saltos mit ihm versuchen. Ist er aus Silber, kann man mit ihm foltern, denn zweimal im Jahr muß »jemand« das Silber putzen.

Nicht zuletzt kann man ihn klauen oder sauberlecken. Aber das tut man nicht, auch wenn er nur im geleckten Zustand sauber genug wäre, um ihn gefahrlos auf das blütenweiße Tischtuch legen zu können. Nein, er kommt auf die Untertasse, und dort macht er das Abstellen der Tasse zu einer Herausforderung an die Geschicklichkeit.

Wozu wird er aber wirklich gebraucht?

Zu Abmessen des Tees nicht, da nehmen wir schließlich eine Pendelwaage. Bleibt nur noch das Umrühren.

Das Umrühren

Vordergründiges Ziel des Umrührens ist die innige Vermengung von Tee mit Zugaben wie z.B. Zucker oder Milch. Aber natürlich geht es eigentlich um die meditativen Komponenten des Rührens: Die beständige Wiederholung der gleichen einfachen Übung stimmt den Rührer ein auf Höheres, und dabei ist es sogar egal, ob man sich für oder gegen den Uhrzeigersinn ausgesprochen hat. Ja, gerade der Wechsel dieser Sinne bringt einen chaotischen Moment des Überganges, aus dem wir Menschen, und selbst Tee-Trinker, noch viel lernen können.

Auch sollten wir materielle Vorbehalte gegen das Rühren nicht gelten lassen. Jeder handelsübliche Tee-Löffel beschert uns viele schöne Stunden lang den Klanggenuß gleichmäßiger Schabegeräusche im Keramik-Rund von Schale, Tasse oder Becher. Doch leider ist es eines Tages eben damit vorbei: Entweder ist vom Löffel nur noch der Stil übrig, oder das Trinkgefäß ist vom Rühren so dünnwandig geworden, daß beim Anheben der Tasse am Henkel deren unteres Drittel einfach auf dem Teller stehenbleibt.

Interessanterweise berichten Tee-Experten immer wieder von Angriffen gegen sie, wenn sie Rührzeiten jenseits von vier Minuten erreichen. Andere Anwesende verlieren dabei leicht die Nerven – typisch für Opfer der westlichen sogenannten »Zivilisation«.

Als Ausbund von Rücksichtnahme und sportlichem Ehrgeiz müssen wir jene Minderheit unter den Tee-Trinkern verehren, die sich im geräuschlosen Rühren versuchen. Doch, es geht, man kann soweit kommen, nicht mehr mit dem Löffel das Porzellan zu berühren! Aber es ist nicht leicht ...

Bleibt der Löffel in der Tasse?

Wir sprechen hier nicht vom gemütlichen Tee-Trinker, der selbstverständlich eine Tasse benutzt, sondern von seiner Steigerungsform, dem urgemütlichen Tee-Trinker, also dem mit dem Becher (sein Vorname ist aufgedruckt), und nebenbei auch noch von denen, die Tee aus dem Glas konsumieren.

Also: Der urgemütliche Tee-Trinker wirkt weniger kultiviert, aber doch insgesamt stimmig, weil alles an ihm ein bißchen gröber geraten ist. Wichtig ist doch, daß einer das Herz am rechten Fleck hat. Er hat – aber das schützt ihn natürlich nicht vor gefährlichen Verletzungen. Er tut also gut daran, nur mit Schutzbrille zu trinken, so daß auch der im Becher verbliebene Tee-Löffel ihm kein Auge auszustechen vermag. Auch gegen Funkenflug oder die spitzen Gegenstände im Haar der Geisha nützt diese sehr preiswerte Anschaffung.

Verletzungsgefahren in Ostfriesland

Eine ganz andere Verletzungsgefahr gilt es in Ostfriesland zu gewärtigen, wenn man den Tee-Löffel in die Tee-Schale stellt. Man sagt damit nämlich, daß der Tee schwach und die Zutaten etwas spärlich aufgetischt wurden. Da hilft dem ostfriesischen Gastgeber auch keine Schutzbrille mit rosa getönten Gläsern: er ist verletzt.

Seit der Erfindung des Henkels übrigens hat sich die Bedeutung des Tee-Löffels bei den Ostfriesen entschieden gewandelt! Jetzt heißt Löffel-in-Tasse: »Herzlichen Dank, ich habe genug!« und ist, außer Nicht-leer-Trinken und Waffengewalt, die einzige Möglichkeit, den Ostfriesen vom Nachschenken abzuhalten.

Vor der Erfindung des Henkels bekundete der Gast gelöschten Tee-Durst, indem er die Schale kopfüber auf der Untertasse abstellte. Auch damals schon mußte man vorher die drei obligatorischen Schalen getrunken haben, wollte man sich keine Feinde machen.

Anmutig trinken

Auch unter fortgeschrittenen Tee-Trinkern beherrschen nur sehr wenige die große Kunst des anmutigen Trinkens. Zu oft noch muß man beobachten, daß eine Tasse, obwohl sie Tee enthält, einfach so »getrunken« wird. Dabei entfaltet der Augenblick des Tee-Trinkens doch erst seinen wirklichen Reiz, wenn vorschriftsmäßig getrunken wird.

Natürlich fällt es bei der unübersichtlichen Vielfalt möglicher Trink-Stile nicht leicht, sich für eine Methode zu entscheiden oder auch nur herauszufinden, welches Verhalten vorbildlich ist und welches nicht. Nicht zuletzt kommt es darauf an: Steht mir dieses Trinken besser als jenes?

Bei einer Schale entfällt der Henkel und damit viel Kopfzerbrechen. Aber meist trinken wir ja aus Tee-Tassen. Und da muß man immer wieder Menschen sehen, die einen Finger durch den Henkel schieben, als sei er der Abzug einer Feuerwaffe! Das Gewicht der Tasse halten diese Leute mit dem oben aufgelegten

Daumen, der beinahe in die Tasse hineinragt. Falsch! Hier soll Tee getrunken und nicht fürs Fingerhakeln oder das Spannen des Revolvers trainiert werden!

Ebenfalls abzulehnen ist es, die Tasse wie eine Tee-Schale mit der Handfläche zu umgreifen und den Mittelfinger durch den Henkel zu stecken, als habe man Angst, die Tasse könne einem aus der Hand fallen. Diesen Tassen-Mißbrauch sieht man besonders bei großen, groben Tassen an der Grenze zum Becher. Man will sich am Tee wärmen und stützt die Ellenbogen auf dem Tisch auf. Nein, verboten – außer bei Außentemperaturen unter minus 13,8 Grad und einem nachweislich ununterbrochenen Draußenaufenthalt von mehr als zwei Stunden (bei Nackten reicht eine Stunde). Ebenfalls ein Auge zugedrückt wird bei all jenen, die die Dicke der Eisdecke überschätzt haben und gerade um eine Lehre fürs Leben reicher aus dem See gefischt worden sind. Aber diese Trottel wiederum haben an einer anspruchsvoll gedeckten Tee-Tafel nichts zu suchen. Zum Tee treffen sich nur intelligente und besonnene Menschen. Sie schicken ihre Kuh aufs Eis, und zwar nachdem sie sie gemolken haben.

Was also tun? Das Abschlagen des Henkels wäre eine gute Idee. Der Fachhandel bietet diverse Spezialwerkzeuge an. Aber das frisch bei Christie's ersteigerte Porzellan verlöre dadurch vielleicht an Wert. Daher nun die wohl konkretesten Tips zur korrekten Henkelbenutzung:

Der Henkel wird zwischen Daumen und einem oder mehreren der restlichen Finger gehalten. Fertig? Nein, denn selbstverständlich darf nicht unterschlagen werden, daß ein Henkel zwar von den meisten Menschen zwischen Daumen und Zeigefinger gehalten wird, zwischen Daumen und Mittelfinger aber wesentlich vornehmer, ja schon beinahe extravagant wirkt. Das Besondere des Tee-Trinkens wird selbstverständlich unterstrichen, wenn der kleine Finger nicht nur abgespreizt, sondern auch mit einem geschmackvollen Ring verziert ist. Das Anfassen des Henkels sollte lange genug bei leerer Tasse geübt werden, auch mit verschiedenem Porzellan.

Daß man zum Tee nicht mit Trauerrändern unter den Nägeln erscheint, ist wohl klar.

Der weite Weg bis zum Mund

Nun folgt der wohl schwierigste Teil des Tee-Trinkens: das Heben der Tasse und ihre Führung zum Mund. Tausende von Entscheidungen müssen während der nur 50 cm Luftlinie getroffen werden, und wir können hier leider nur auf die wichtigsten 900 eingehen.

Schritt eins: Der Tee-Trinker versucht sich zu erinnern, ob überhaupt noch etwas Tee in seiner Tasse ist. Je nach Beleuchtung, Zwergwuchs, Tischhöhe, Tassenform und der Entfernung des Tee-Trinkers von der Tasse läßt sich das mit dem bloßen Auge nicht immer erkennen. Und nichts ist peinlicher, als die Tasse bereits nach allen Regeln der Kunst bis in Brusthöhe geführt zu haben, nur um dann zu bemerken, daß sie leer ist. In diesem Fall übrigens setzt man sie doch an die Lippen, um die Harmonie bei Tisch nicht zu stören. Und ein Tropfen ist immer noch drin (eine Erkenntnis, die besonders in Männerkreisen verbreitet ist).

Die eigentliche Operation beginnt auf der Untertasse. Der Trinker korrigiert die Stellung des Henkels und ergreift diesen. Er hebt die Tasse an und führt sie, egal, was gestern nacht geschehen sein mag, ohne Zittern auf kürzestem Weg Richtung Mund. Nur ausgemachte Barbaren bewegen sich mit ihrem hohlen Schädel gleichzeitig auf die Tasse zu und verlassen dabei die vorschriftsmäßig aufrechte Sitzhaltung.

Gerade bei der ersten Tasse ist es wichtig, den Blick im rechten Moment auf ihren Inhalt zu richten – nicht gierig früh, aber auch nicht so spät, daß man schielen muß, um den Farbton des Tees würdigen zu können.

Knapp auf Schulterhöhe und etwa 18 cm vor dem Kopf kommt die Tasse für 2 – 3 Sekunden zum Stillstand, genau wie noch einmal 10 cm vor dem Gesicht. Bei diesem zweiten Halt schaut der Trinker bereits mit leicht verklärtem und nach oben weisendem Blick in die Ferne, während seine Nase mit geöffneten Flügeln den Duft kontrolliert. Die Haut des Gesichtes wird sanft vom aufsteigenden Dampf berührt, und eventuell tritt nun Angstschweiß aus: »Wird der Tee zu heiß sein?«

Verbrühungen allerersten Grades

Ja, was wäre denn, wenn er es wäre? Stellte man die Tasse nun zurück, würden sich die anderen vielsagende Blicke zuwerfen und einen für immer denen zuordnen, die es nicht abwarten können. Peinlich. Ob es da nicht besser wäre, sich selbst für die eigene Ungeduld zu bestrafen und sich zu einem zu heißen Schluck zu zwingen?

Das wäre einem eine Lehre. Andererseits lehrt die Erfahrung, daß es, ist die Hürde der Zunge einmal genommen, auch weiter hinten noch zu Schluckbeschwerden kommen kann und auch zum Verschlucken – peinlicher geht es wirklich nicht mehr!

Vom Hustenanfall geschüttelt spuckt der Tee-Schlucker das goldgelbe Naß in die illustre Runde und geizt auch nicht mit Speichel und dem in ihm gelösten Plätzchen (diese Mischung sprüht reichlich auch aus der Nase heraus auf den Tisch oder in die Tasse). Dann entstellt er sein Gesicht durch Rötung und Tränenfluß. Tja, das kommt davon. Man ist – zu Recht – gesellschaftlich gestorben.

Geräusche beim Trinken

Aber stellen wir uns vor, der Tee in der Tasse unter der Nase habe die richtige Temperatur. Der Tee-Trinker setzt nun den Gesichtsausdruck auf: »Ich weiß bereits, was mich erwartet« und berührt mit dem Tassenrand seine Lippen. Ist auch dieser letzte Temperaturtest erledigt, kann der Übergang der Flüssigkeit aus der Tasse in den Menschen beginnen.

In der Rolle des Gastes verzichtet auch der größte Kenner auf auffälliges Schlürfen. Zwar wäre das geräuschvolle Einsaugen eigentlich notwendig, um den vorgesetzten Tee wirklich würdigen zu können. Aber meist haben die anderen Anwesenden weniger Verständnis für die typischen Begleiterscheinungen wirklicher Expertenschaft. In derartigen Banausenhaushalten würde ein Schlürfen sicher zu einem auch tee-mäßig enttäuschenden Resultat führen. Denn: Wo der Gastgeber nicht schlürft, ist der Tee dürftig. Wir bleiben deshalb (und trotzdem) ruhig.

Das Urteil des Paris

Also nimmt der Experte einen kleinen Schluck und läßt ihn im Munde liegen. Leicht öffnet er die Lippen und saugt rhythmisch, aber leise, Luft ein. Mit der Zunge bewegt er den Tee – geräuschlos – im Mund. Die Geschmackspapillen vor allem am Zungengrund machen Meldung, und die aromatische Luft des Tees wird über den Rachenraum in die Nase gewirbelt und dort gerochen. Dem Mümmeln und Verkosten erst folgt das – geräuschlose – Runterschlucken.

Noch schwebt die Tasse gleichsam schwerelos vor dem Kopf des Tee-Trinkers. Vor allem der Gastgeber versucht, auch die subtilsten Reaktionen des Tee-ologen zu erkennen und zu interpretieren. Verzieht er das Gesicht in Erstaunen, Anerkennung, Zweifel, Enttäuschung oder Abscheu? Gibt der

Tee-Trinker einen Laut von sich? Ja, das tut er, und seinem »Hmmm« oder »Oooo« läßt sich entnehmen, was er aus Höflichkeit nie sagen würde.

Vornehm setzt der Trinker nun seine Tasse zurück auf die Untertasse (Henkelstellung beachten!).

Tee mit nassem Fuß

Schnell ist Tee verschüttet, besonders wenn die Tasse recht voll war – ein Fehler, den manche Gastgeber immer wieder begehen, mitunter übrigens absichtlich, weil sie sich an den folgenden Problemen der Trinker erfreuen. Für diesen Fall gelten dieselben Empfehlungen wie für das Trinken im Stehen.

Nicht immer muß das Malheur dem eigenen Mißgeschick (oder den Folgen der gestrigen Nacht) zugeschrieben werden, es können auch das Erdbeben, die Autobombe in der Nachbarschaft, ein explodierender Tankwagen, Skud-

Einschläge oder ein ungeschickter Tischnachbar die Unerschütterlichkeit der wackeligen Tafel auf eine Probe gestellt haben.

Und damit sind wir schon bei einer weiteren wichtigen Menschheitsfrage: Ist nun der vorzeitige Aufbruch angezeigt, wird ein anderes Gedeck aufgelegt, schütten wir selbst den Tee aus der Untertasse in die Tasse oder darf man aus der Untertasse schlürfen? Die richtige Antwort lautet natürlich: Geduld – denn irgendwann trocknet der Tee auf der Untertasse bestimmt ein. Ein direkt auf die Lache gerichteter Föhn verkürzt die Wartezeit – wenn er nicht zu nahe an den Ort des Geschehens gehalten wird, wo er die Katastrophe nur schlimmer machen würde.

Jedenfalls steht Zurückkippen überhaupt nicht zur Debatte.

Zweite Frage: Wie trocknet man die Unterseite der Tasse? Die meisten versuchen es so: Rechte Hand hält die Tasse in der Luft, linke Hand wischt. Dabei kommt es immer zu Unfällen. Der Kenner stellt die Tasse auf eine saugfähige Unterlage (Teppich, Hosenbein, Tischdecke, mehr oder weniger frisches Taschentuch) und wischt sie unter leichtem Druck trocken, indem er mit der Tasse dieselbe Handbewegung andeutet, die man vom Auswechseln einer Glühbirne kennt.

Kühlende Untertasse

Besonders der Islam veranlaßt Männer dazu, ihren heißen Tee absichtlich aus der Tasse auf die Untertasse zu schütten und auf deren großer Oberfläche abkühlen zu lassen. Regelmäßig kleckert der Muselmane schon beim Ausschütten des Tees, der eben doch nicht immer nur – und schon gar nicht in der angestrebten kleinen Menge – an der Außenseite der Tasse herabrinnt. Völlig überfordert sind die Freunde dieser unappetitlichen Methode dann, wenn es ans Trinken geht. Mit hochgezogenen Augenbrauen beugen sie den Kopf bis auf den Tisch, so daß sie die Untertasse nicht weiter als zwei Zentimeter balancieren müssen. Dann schlürfen sie auf eine Art, die die Frage aufwirft: Wo endet die Zivilisation? Antwort: irgendwo in der Nähe.

Tee-Trinken im Stehen

Nicht überall ist das Angebot an Sitzgelegenheiten reichhaltig genug, und gerade zu fortgeschrittener Samstagnacht muß der Tee-Freund sein Talent als Jongleur unter Beweis stellen, sowohl in seiner Lieblingsdisko als auch auf Parties.

Selbstverständlich wird in solchen Situationen die Untertasse besonders wichtig: als Deckel auf Tasse oder Glas. Der Löffel verschwindet – vielleicht für immer – in einer Jackentasche. Dort leisten ihm Sahnedosen aus Kunststoff, Zuckerbeutel oder -stückchen, vielleicht auch eine saftige Zitronenscheibe Gesellschaft.

Geschmackvolles Service

Jeder Kauf hat eine Vorgeschichte, und die kann man ausschmücken oder frei erfinden, vorausgesetzt, die Etiketten kleben nicht zu hartnäckig an der Neuerwerbung fest.

Der Wucherpreis (= Rosenthal-Studio) reicht nicht als Ausweis besonders individuellen Porzellans. Eigentlich sollte es nach eigenen Wünschen angefertigt worden sein (die einzige Steigerungsform des Selbsttöpferns).

»China auf Bestellung« nannten es die Holländer, wenn sie im 17. Jahrhundert ihren chinesischen Lieferanten Holzmodelle zum Nachmodellieren hinstellten. Im 18. Jahrhundert wurde Porzellan aus dem Reich der Mitte schlagartig modern. Man orderte und bekam nach bis zu zwei Jahren Wartezeit nicht immer das Gewünschte: Das Stadt-Porzellan von Göteborg etwa zierte statt des gewünschten Löwenwappens das Bild eines nackten Mannes. Das schwedische Königshaus hatte den für sein Service gewünschten Sinnspruch aufgeschrieben und dazu die Rückseite eines Blattes aus dem Tagebuch des Frl. Tochter benutzt. Statt eines erhebenden Mottos malten die Chinesen: »Mutti ist heute schlechter drauf als sonst.« Das war wohl die falsche Seite.

Ganz wichtig war die Wahl der richtigen Farbe schon bei den alten Chinesen. In der Frühzeit wollte man grünliche Keramik. Während der T'ang-Dynastie entwickelte sich eine Vorliebe für die blaue Glasur im Süden und für die weiße im Norden. Lu-Yü hielt blau für die ideale Farbe einer Tee-Schale. In der Sung-Epoche (Pulvertee) bevorzugte man schwere dunkelbraune bis blauschwarze Schalen. Nur die Ming-Zeit wollte das zarte, weiße »Eierschalen«-Porzellan, das erst seit dem 9. Jahrhundert hergestellt wurde.

Und wir? Können uns nicht entscheiden.

DER ANGEMESSENE RAHMEN

Großen Wert legt der Kenner auf den angemessenen Rahmen zum Tee-Genuß – gemütlich soll es sein, die Hektik der modernen Welt und das Grau des Alltages gilt es zu verbannen.

Und das heißt:

Erst mal müssen die Vorhänge zugezogen werden, das Zimmer wird in gnädiges Licht getaucht und ruft geradezu nach Kerzen.

Räucherwerk oder duftende Kräuter aus der Provence verbessern das Raumklima, aber vor dem Tee-Trinken werden diese lieblichen Gerüche, um das Aroma in Kanne und Tasse nicht zu stören, durch Lüften vertrieben. Verdammt, das hätten wir praktischerweise schon machen sollen, bevor wir die Vorhänge zugezogen haben.

Sei's drum. Umständlichkeit ist menschlich und macht fast so sympathisch wie Irren.

Mit großer Sorgfalt gilt es nun, die schönste aller Schallplatten mit plätschernder Hintergrundmusik von Bach oder Vollenweider aufzulegen.

Hoffentlich stimmt die Einrichtung! Das Fischernetz mit den getrockneten Seesternen, das überaus urige Wagenrad oder der prachtvoll geschmückte Tannenbaum erscheinen manchen als stimmungsvolle Idee, anderen als Übertreibung.

Der Gast darf nicht merken, daß wir uns tagelang intensiv und mit viel, viel Fingerspitzengefühl um die Vorbereitung der Tee-Stunde gekümmert haben. Um abstoßende Sterilìät und fanatische Ordnung zu vermeiden, wurde die ganze Woche über weder aufgeräumt noch geputzt (Ajax zerstört das Tee-Aroma, auch wenn man es nicht direkt in die Kanne kippt).

Kurz vor der Eindeckung des Tisches haben wir zusätzlich mit ein paar Kunstgriffen eine richtig urgemütliche, kreative Unordnung auf Möbeln und Fußboden drapiert. Vor allem: All die Bücher, die wir eigentlich lesen sollten und sogar wollten, liegen herum – auch als unaufdringliche Leseempfehlung an die Gäste.

Gibt es etwas Romantischeres als die Ruine? Nein, und wir wollen unseren Gästen gegenüber auch nicht leugnen, wie vertraut wir mit der Ruinentheorie unseres Lieblingsästhetikwissenschaftlers Prof. Bazon Brock und seinem Buch über die »Ästhetik gegen erzwungene Unmittelbarkeit« sind.

Die Tee-Stimme

Womit wir schon beim Gespräch sind. Sicher, stimmige Themen sind auch wichtig für die Stimmung.

Aber was ist mit unserer Stimme!? Wohlig tief sollte ihre Lage sein. Vertraulich und gedämpft tragen wir in gemessenen Worten vor. Wo immer es sich nicht vermeiden läßt, schalten wir das Gehirn zu.

Der Laie macht sich gar nicht klar, wie viele zeremoniell taugliche Themen es gibt.

Allein über den Sinn des Lebens kann man immer wieder interessante Gespräche führen – manchmal bis zu zwei Minuten lang.

Natürlich darf, ja muß auch einmal herzlich gelacht werden. Aber bitte nicht laut und eher überlegen.

Entscheidend zur Gemütlichkeit trägt alles bei, was mit dem Tee selbst zu tun hat. Daher müssen genügend Kerzen angezündet werden, weil man im Dunkeln die Schönheit von Zubereitung, Kanne, Service, Besteck und Gastgeber nicht erkennen kann.

Der Kampf mit dem Stövchen

Ununterbrochen können die Gäste den Gastgeber bei seinen tee-bezogenen Verrichtungen bestaunen: wie er sich an der Kanne die Finger verbrennt, wie ihm der Deckel abfällt, wie er kleckert, wie er beim Sieben die Hälfte verschüttet.

Am kurzweiligsten aber ist sein Kampf mit dem Stövchen:

Ständig geht das Tee-Licht (das ist die kleine Kerze im Stövchen) aus und läßt sich nur unter äußersten Mühen ohne ein so stilbrechendes Hilfsmittel wie dem Bic-Einweg-Flammenwerfer wieder entzünden. Aber dann beleuchtet die Kerze die Kanne von unten, und gemütlich steigt Dampf aus der Tülle auf.

Bald schon fällt einem Gast auf, daß der Gastgeber nie aus dieser Kanne ausschenkt. Natürlich nicht, denn als Tee-Kenner stellt er aufs Stövchen nur die Zierkanne mit wertlosem Zierwasser – welches sich nun als Zierdampf in der Luft kräuselt. Seinen Tee will er ja nicht verderben.

Kurz: Alle gehen nach Hause und haben was fürs Leben gelernt, auch wenn sich die vordringlichste Hoffnung nicht erfüllt haben mag: Diesmal hat nichts Feuer gefangen.

Zur Löschung des Kerzenlichtes

Ein letztes Wort zu den Kerzen: Selbstverständlich löscht ein Kenner Kerzen niemals (!) durch Luftzug! Entweder erstickt er sie zischend zwischen seinen angefeuchteten Fingern, oder er tunkt den Docht kurz in den See flüssigen Wachses am Fuße der Flamme. Diese Handgriffe müssen natürlich sitzen! Auch bei kleineren Fehlern darf man sich nie Schmerzen anmerken lassen.

Ist ein langer Tee-Abend geplant, übt der Gastgeber vorher ein paarmal, wie man auf einem runtergebrannten Stumpf die nächste Kerze ohne Korrektur, Tropfen oder Umfallen aufbringt. Auch darüber werden die Gäste noch wochenlang sprechen.

DIE ALLERGEMÜTLICHSTEN BESCHÄFTIGUNGEN BEIM TEE-TRINKEN

Abwarten

Bei uns im Westen ist die Tugend der Geduld ja sehr wenig bekannt. Der Tee-Trinker ist da, wie in so vielem anderem auch, die ganz, ganz große und leuchtende Ausnahme. Er kann abwarten, vorausgesetzt, er ist in der Zwischenzeit beschäftigt, und zwar mit Tee-Trinken.

Nun wollen Interessierte immer wieder wissen: Was wartet der Tee-Trinker ab? Die Antwort darauf kann glücklicherweise sehr eindeutig ausfallen und lautet: Kommt ganz darauf an.

Zwischen Abwarten und dem einfachen Warten muß dabei sorgfältig unterschieden werden. Der Tee-Trinker weiß, das alles kommt, wie es kommt, weil ja auch jeder ist, wie er ist, und daher wartet er einfach ab, bis passiert, was passiert, denn um das »ob« gibt es keine Diskussion, weil ja immer passiert, was passieren muß. Kurz: Er ist offen und wartet ab.

Das ist ungewöhnlich, denn in unserer westlichen Kultur wird allgemein gewartet – daß das passiert, was angekündigt ist. Diesem Warten fehlt das meditative Element, es nervt einfach nur und verführt zum Kettenrauchen oder, wenn man es nicht mehr länger erträgt, zum Aktionismus – und schon ist alles noch schlimmer als zuvor.

Also: Der Tee-Trinker wartet nicht, auch nicht auf Godot, er wartet nur ab – als überlegen lächelnder Beobachter, und wenn Feierabend ist, geht er wieder nach Hause, in dem schönen Bewußtsein, für die vergangenen Stunden im Büro bezahlt worden zu sein.

Klönen

Nur dem eingefleischten Tee-Trinker gelingt diese einzigartige Art der Kommunikation. Über der gemeinsamen Tasse Tee entwickelt sich unter den Beteiligten fast ohne Anlaufzeit ein so hohes Maß an Vertrautheit, daß in dem folgenden Gespräch auf Themen und deren konventionelle Entwicklung völlig verzichtet werden kann. Im Idealfall klingt die Konversation der Klönenden für Unbeteiligte wie pures Aneinandervorbeireden, während die Mitmacher jedoch das Gefühl innigsten gegenseitigen Verständnisses haben. Wichtiges Merkmal: Keiner der Beteiligten kann sich nachher erinnern, worum es gegangen ist, aber alle kommen tief befriedigt vom Klönen zurück.

»Gute Gespräche«

»Gute Gespräche« sind die, die »mir echt unheimlich was gebracht haben« – meistens persönlich und »irgendwo irgendwie«. Geführt werden sie beim Tee und zwischen Menschen, die jeden Satz mit »du« anfangen und auch mit »du« beenden, zwischendrin aber möglichst viele »Ichs« verwenden. Entscheidend für den Erfolg von »Guten Gesprächen« erweist sich die Beherrschung eines psychologischen Grundwortschatzes.

Die moderne Klön-Theorie geht davon aus, daß mit dem Begriff »Gute Gespräche« eigentlich Klönen gemeint ist: Denn wieder fühlen sich alle verstanden, auch wenn die Beteiligten von jeder Untersuchungskommission als Pappnasen erkannt werden würden.

DER TAGESABLAUF DES ZWANGHAFTEN TEE-TRINKERS

Wann soll man trinken?

»Eine Tasse Tee am Morgen regt den Geist an und erfrischt die Gedanken. Eine Tasse Tee nach dem Essen vertreibt den Mundgeruch, ebenso wie die Sorgen. Eine Tasse Tee bei der Arbeit läßt die Hast vergessen, gibt Ruhe und Überlegenheit. Eine Tasse Tee am Abend verscheucht die Müdigkeit und gibt dir Kraft zurück.« Statt einer so langen chinesischen Weisheit hätte man auch sagen können: immer.

Doch das klingt ein bißchen zu undifferenziert. Für die wirklichen Tee-ologen nun ein paar ganz, ganz konkrete Ratschläge aus dem Klassiker der chinesischen Tee-Lehrbücher, dem Ch'a-su. Man trinke Tee bei folgenden Gelegenheiten:

- »Wenn man beim Denken gestört worden ist.« Entfällt für die Mehrheit der nichtdenkenden Bevölkerung und kontaktarme Singles, die nichts mehr ersehnen als Störungen.
- »Bei gutem Gespräch in tiefer Nacht.« Vor allem bei linker Einstellung.
- »Wenn es ganz leise regnet.« Sehr romantisch, nicht?
- »Mit netten Freunden oder schlanken Konkubinen.« Wenn man mit Kumpels im Puff Durst kriegt.
- »Wenn die Kinder in der Schule sind.« Der Tee-Kenner schickt die Kids ins Internat, um den ganzen Tag Grund zum hemmungslosen Tee-Trinken zu haben.
- »In einem kleinen Bambuswäldchen an einem Frühlingsabend.« Nachteil: für viele von uns täglich umständliche Anreisewege.
- »Bei wunderlichen Felsen.« Der Fachhandel bietet eine reichhaltige Auswahl zur Verschönerung des eigenen Gartens.

Schon die alten Chinesen kannten Gelegenheiten, bei denen sich das Tee-Trinken nicht empfiehlt:

- »Im Theater.« Der Genuß in der Tasse wäre größer als der auf der Bühne.
- »Beim Brieföffnen.« Es kommt zu Überschwemmungen.

– »Wenn die Kinder nicht in der Schule sind.« Das ist der unrettbar versaute Teil des Tages.
– »Wenn es stark regnet.« Dieser Kummer wird besser mit Sprit bekämpft.

Das Ch'a-su rät zum Verzicht aufs Tee-Trinken unter folgenden Umständen:

– »Knurrige Bedienung.«
– »Schlechtes Wasser.«
– »Geldsorgen.«
– »Zahlreiche Gesellschaft.«

Unbedingt fernhalten sollte man sich beim Tee-Trinken von:
– »schreienden Kindern.«
– »zankenden Frauen.«
– »schwatzhaften Menschen.«
– »lauten Straßen.«

Wieviele Tassen kippt der Tee-Trinker denn nun in sich hinein? Der besonders weise Chinese Lo-Tung meinte: »Die erste Tasse befeuchtet mir die Lippen, die zweite verscheucht meine Einsamkeit, die dritte durchdringt mein trockenes Inneres, die vierte ruft leichtes Schwitzen hervor, die fünfte läutert mich, die sechste ruft mich in das Reich der Unsterblichkeit, die siebte Tasse ... doch ich kann nicht weiter trinken.«

Mit anderen Worten: Wer unsterblich werden will, muß sich ranhalten: sechs Tassen.

Glücklicherweise besteht jeder Tag aus einer Abfolge von Gelegenheiten, Tee zu trinken. Die Ostfriesen bestehen auf vier Tee-Pausen pro Tag. Die Engländer meinen: »Any time is tea time«. Zu was das führt und schon geführt hat, kann man in der Tageszeitung nachlesen.

»Early Morning Tea«: Noch im Bett gibt's Darjeeling oder Oolong. Eine Selbstverständlichkeit in jedem besseren englischen Hotel.

»Breakfast Tea«: Die kräftigere Ceylon-Assam-Mischung paßt zum süßen oder herzhaften Frühstück.

»Elf Ührtje«: Die heilige Tee-Stunde der Ostfriesen. Nach dem Tee wird ein Wacholdergeist hinterhergekippt.

»Elevenses«: Englische Tee-Pause, am besten mit Earl Grey (auf der Grundlage einer Ceylon-China-Mischung).

Mittagessen: Zur Verdauung ein leichter grüner Tee oder eine nur schwach fermentierte Schwarztee-Variante (mit Jasmin).

»Teetied«: Ostfriesen trinken von 14 bis 15 Uhr.

»Five o' clock tea«: Wenn nachmittags die Kinder aus der Schule und ihre

Eltern von der Arbeit kommen, zelebrieren die Engländer ihren »High Tea«. Zu dieser aus Schottland und Yorkshire stammenden Zwischenmahlzeit wurde ursprünglich Hering mit Haferkeks gegessen. Inzwischen kommen ein oder zwei warme Gerichte auf den Tisch, dazu eingemachtes Fleisch oder Dosenfisch, Kuchen, Obst etc.

»Cream Tea«: Im Westen Englands bevorzugt man traditionell den eher dekadenten »Cream Tea« mit leichtem süßen Gebäck (und wählt einen Ceylon-Hochland- oder Darjeeling-Tee).

»Family Tea«: So heißt die weniger aufwendige Fassung des Nachmittags-Tees. Beim alltäglichen Imbiß kommen Butterbrote, Kuchen, Marmelade, Sardinen, eingemachtes Fleisch und Buttertoast auf den Tisch des Hauses. Im Sommer gibt es auch Radieschen und Brunnenkresse.

»Tanztee«: Das ist die kontinentale Variante des »Five o'clock tea«. Man traf sich alkoholarm zum Tanz.

Abendessen: Man nehme einen rauchigen Blatt-Tee oder die derbe Ostfriesenmischung. Grüne Tees trinkt man zur Nacht, weil sie 30 % weniger Coffein enthalten als schwarze. Chinesische und russische Tees sind besonders coffeinarm.

Tee-Pausen

Als Insel der Besinnlichkeit im hektischen Alltag erstreckt sich die Tee-Pause immer wieder über Stunden. Es muß einen Grund für den Niedergang der Weltmacht England geben.

Die zwei schönsten Situationen zum Tee-Trinken

Tee ans Bett

Wer Tee im Bett trinken will, hat mehrere Probleme: erstens die Beschaffung heißwasserbeständiger Unterwäsche (weil sonst das Verschütten zur wirklichen Katastrophe wird; und verhindern kann man es sowieso nicht, solange man auf in irgendeiner Hinsicht nachgiebigen Matratzen schläft).

Zweitens: die Beschaffung einer Bedienung. Wen nehmen? Der Intimpartner kommt aus Gründen der Gleichberechtigung nicht in Frage, auf abwechselndes Bedienen hat man auch keine Lust. Gutes Personal ist aber sehr schwer zu finden. Lösung: Man stellt es sich selbst her, und schon sieben Jahre später kann man sich regelmäßig von vorn und hinten von seinen Kindern bedienen lassen.

Ein Au-pair-Mädchen wäre billiger und auch für andere Zwecke nützlich, vor allem, wenn sie aus den Ländern Skandinaviens mit den dort besonders fortschrittlichen Sitten stammt. Aber nur selten wird in dieser Hinsicht Einigkeit zwischen Ehepartnern erzielt.

Die letzte Tasse

Zur Henkersmahlzeit reichen wir einen milden, nicht zu anregenden Oolong mit einem möglichst lebensbejahenden Namen (z.B »Ewiges Leben«, »Unsterbliches Bambusschäumchen« etc).

EXOTISCHE ZEREMONIEN

Klassischer oder romantischer Tee?

Rastlos durchstreift der deutsche Tee-Fan die exotischen Gegenden seines Lieblingsplaneten mit dem Finger auf der Landkarte, um in versteckten Winkeln immer noch exotischere Tee-Bräuche und Trinkgewohnheiten aufzuspüren und sie umgehend – man ist ja vielseitig, weltoffen und undogmatisch – in sein ganz, ganz individuelles Repertoire der Tee-Zeremonien aufzunehmen.

Kaum fündig geworden, lädt er Gäste ein und erklärt ihnen beim gemeinsamen Menschenversuch, daß wir uns nicht so verkrampft an die heute üblichen Tee-Sitten der »naturalistischen Tee-Schule« des Lu-Yu[13] klammern sollten. Blatt-Tee mit Wasser zu überbrühen oder ein bißchen aufzukochen ist längst nicht alles, was man mit Tee machen kann!

Hier winken manche Gäste wissend ab. Längst kennen sie die Rituale der auf Lu-yus Naturalismus folgenden »romantischen Periode«, also die japanische Art der Tee-Kunst mit schaumig geschlagenem grünem Tee-Pulver aus der Spezial-Steinmühle. Und sie haben sich sogar die wichtigsten Details gemerkt, als wir ihnen neulich eine original japanische Tee-Zeremonie aufdrängten, um die uns so manch ein staatlich anerkannter Tee-Meister beneidet hätte. Typisch Sung-Dynastie, weiß doch jeder!

Aber was ist mit den Wurzeln der Tee-Trinkerei, der »Klassik«, also der Táng-Dynastie? Tja. Betroffenes Schweigen!

Diese schlimme Bildungslücke wird der Gastgeber heute schließen. Er schenkt einen durch und durch »klassisch« zubereiteten Tee an die gespannten Gäste aus. Aber warum schwimmen außer Teeblättern auch noch Zwiebeln und Orangenschalen in dieser milchhaltigen Salzbrühe mit den Fettaugen darauf herum? Ganz einfach: Weil es das Originalrezept so verlangt. Und es war verdammt schwer, die unumgängliche ranzige Butter zu besorgen. Vielen Gästen fällt es noch schwerer, sie in sich zu behalten. Im gastfreundlichen Tibet könnten diese Weichlinge keine Karriere machen.

Der Gastgeber leert, ohne mit der Wimper zu zucken, seine Tasse auf ex. Die Gäste staunen, daß er die nächsten Minuten übersteht.

Tschai

Indienfahrer berichten gern von ihren einzigartigen Erlebnissen im Land der überfüllten Reisezüge und reichen dazu Tschai: Tee, der mit einem stark gesüßten Gemisch aus Milch und Wasser kurz aufgekocht und nach zehn Minuten milden Siedens abgeseit wird. Vielleicht hat man auch Nelken, Kardamon oder Muskatblüte beigegeben.

Dnjeprpetrowsk-Stil

Die Rucksacktour mit der Transsibirischen verführt jeden Touristen zur Anschaffung des innen verzinnten Messing-Samowars aus Tula, und der sieht wirklich sehr schick aus, auch wenn er statt kennerhaft mit Holzkohle nur pro-

fan mit Strom geheizt wird – um dann sein totgekochtes Wasser über original russischen Ziegel-Tee aus Grusinien (= Georgien) zu ergießen. Egal, dessen Qualität ist ohnehin ununtertroffen schlecht. Das Beste an ihm ist, daß man folgende Tatsache in Gespräche einflechten kann: Kleinere, ebenfalls aus Tee-Bruch hergestellte Preßtabletten waren in Rußland lange Zeit als inoffizielles Zahlungsmittel allgemein üblich – eine Art trinkbares Ersatz-Wechselgeld.

Aber bleiben wir beim Samowar. Der Tee wird in einer Metallkanne gebrüht, und man kann nur hoffen, daß sich schon genug Patina in ihr abgesetzt hat, um den ekligen Metallgeschmack unter sich zu verstecken. Um dem Tee seinen letzten Rest Leben zu nehmen, wird die Kanne zum Warmhalten oben auf den Samowar gestellt. Das Aroma geht zum Teufel, aber der Samowar sieht sehr dekorativ aus. Immerhin.

Nun holt der Russe das große Kandisstück aus der Jackentasche (er hat immer eines dabei) und steckt es sich samt Flusen in den Mund. Im Tee-Glas zerstört er den allerletzten Rest Tee-Aroma mit einer Zitronenscheibe (samt volkseigener Pestizide). Jetzt trinkt er. Aber das Glas sieht in seinem Metallkäfig wirklich gut aus.

Zur Beeindruckung seiner Gäste trägt der Gastgeber nun sein beeindruckendes Fachwissen über das russische Tee-Wasser vor: Siedendes Wasser heißt »Kipjatok«, und der normale Tee-Kessel wird »Tschainik« genannt. Auf jedem Bahnhof findet man einen »Kipjatilnik«, das ist ein großer Boiler mit heißem Tee-Wasser, das jedermann gratis zapfen kann. Das kostenlose Heißwasser hat Tradition. Schon zur Zarenzeit war es eines der wenigen Privilegien der Arbeiter. Als die Unternehmer es abschaffen wollten, erkannte Lenin darin einen prima Grund für den Klassenkampf. Um den kosmopolitischen Anspruch an uns Tee-Trinker zu erfüllen, wird nun angefügt: In New York gab es früher auf den Straßen Handpumpen extra fürs Tee-Wasser. Aha. Toll.

Zu Besuch beim Hobby-Japaner

Besonders viel Mühe bei der Bewirtung seiner Gäste gibt sich der Hobby-Japaner. Er läßt wenigstens ein Zimmer seiner Wohnung für die original japanische Tee-Zeremonie umbauen und investiert in eine Vielzahl ganz spezieller und überaus japanischer Gerätschaften, und zwar ein Vermögen. Dann lernt er rund 50 japanische Fachausdrücke auswendig und besorgt sich aus Kyoto ein Lehrvideo. Nun trainiert er immer und immer wieder mit seinen Stofftieren den Ablauf der Zeremonie.

Viel Aufwand. Aber dann hat er folgende tiefe Befriedigung, wenn man den Cha-do[14] mit einer schicken Hakobidate[15] begeht:

Die Zeremonie

Der Gastgeber bringt seine umfangreiche Ausrüstung in den Tee-Raum und baut sie auf. Der Tee-Raum (Chashitsu) ist genau 4,5 Tatami-Reisstroh-Matten (je 90 mal 180 cm) groß und zur Bewirtung von fünf Gästen gedacht. Die werden durch fünf Gong-Schläge hereingerufen und kommen nun, nachdem sie sich vorher artig die Hände und dem Mund gewaschen haben, der Reihe nach durch die nur 90 cm hohe Tür hereingekrochen – demütig, also in der in Japan beliebtesten Fortbewegungsart: auf Knien. Dem Gastgeber folgt der Hauptgast, ihm dann die anderen Gäste. Vor der Bildnische (tokonoma) kniet man nieder und betrachte einen Zweig oder ein anspruchsvolles Poster.

Die Gäste knien gegenüber dem ebenfalls knienden Gastgeber mit seinen prächtigen Gerätschaften und sehen gebannt zu, wie er mit seinem Seidentuch die sowieso saubere Tee-Schale zur Sicherheit blitzsauber reibt. Dann schöpft er mit der Bambuskelle etwas heißes Wasser in die Schale, rührt es mit dem Tee-Schläger herum und kippt es ins Spülgefäß. Endlich ist die Schale nicht nur symbolisch sauber, sondern sogar symbolisch rein.

Vor dem Wasserkochen muß der Herd mit einer Adlerfeder entstäubt werden, damit er wirklich ganz, ganz sauber ist. Der aufregende Teil beginnt. Alle beobachten gebannt das Anbrennen der Holzkohle und murmeln ehrfürchtig ihre Ansichten zur Bedeutung von deren Jahresringen.

Zwischen den vier Reisstrohmatten ist eine Feuergrube von der Größe einer halben Matte ausgespart. In ihr steht das Kohlebecken, über dem der Wasserkessel hängt oder steht. In ihm kocht Wasser aus dem Vorratseimer mit Deckel.

Die Spannung baut sich auf bis ins Unerträgliche, wenn der Gastgeber nun die Tee-Dose öffnet und mit dem kleinen Bambuslöffel ein bißchen von dem hellgrünen Tee-Pulver in die Schale schaufelt. Zur Beruhigung und natürlich auch, um den dramatischen Höhepunkt noch etwas hinauszuzögern, gibt es nun auf dem Lacktablett für jeden Gast kleine Kuchen, die man mit Stäbchen annehmen und auf das Papierchen vor sich legen muß.

Der Gastgeber kippt etwas kaltes Wasser ins kochende Wasser des Kessels, dann schöpft er Wasser aus dem Kessel und gießt es in die Tee-Schale. Mit dem Bambusschläger schlägt er nach ganz bestimmten Regeln solange auf das Heißwasser-Tee-Pulver-Gemisch ein, bis er eine dickflüssige, leicht schaumige, hellgrüne Flüssigkeit in der Schale hat.

Bevor es – endlich! – ans Trinken geht, muß der erste Gast seinen Reiskuchen aufgegessen haben. Dann bekommt er die Schale und nippt ein Schlückchen. Mit seinem Tuch reinigt er die Stelle, wo seine Lippen die Schale berührten, und reicht das Gefäß an den nächsten Gast. Die Schale macht bis zu zweimal die Runde.

Tja, und das war's auch schon fast. Jetzt setzt sich der Gastgeber zu seinen Gästen, und gemeinsam befühlt, betrachtet und bewundert man die Tee-Schale und die anderen wertvollen Sachen. Die Runde schaut sich noch versonnen den Tee-Satz an, und dann unterhält man sich tiefsinnig über ein Gedicht oder ein Tuschbild.

Endlich folgt der Abschied. Wenn man Glück hatte, dauerte die Zeremonie nur eine Stunde, denn die Variante mit allen Schikanen zieht sich über vier Stündchen hin. Alles auf Knien ...

Die Grundausrüstung – Geräte und tolle Fachausdrücke

- **Chawan** = Teeschale. Sie ist schmucklos und unregelmäßig geformt, weil nicht auf einer Töpferscheibe gedreht. Auch die erdfarbene Glasur ist ungleichmäßig.
- **Mizusashi** = das Gefäß für das kalte und frische Tee-Wasser besteht aus Keramik oder Holz und hat immer einen Deckel.
- **Furo** = das Becken für die glühenden Holzkohlen wird nur im Sommer benutzt.
- **Ro** = im Winter wird der Kessel über dieser in den Boden eingelassenen Feuerstelle für Holzkohlen erhitzt.
- **Kama** = der Wasserkessel aus Bronze oder Eisen mit den kleinen Eisenstückchen drin. Sie sorgen für den Klang beim Sieden, und aus dieser Melodie sollte man das Brausen eines Wasserfalls, die an die Küste brandende See, das Rauschen des Wolkenbruchs im Bambuswald oder das Säuseln der Kiefern auf den Hügeln heraushören können. Üben!
- **Chaire** = die Tee-Büchse ist so wichtig wie die Tee-Schale und muß deswegen ebenso bestaunt werden. Aus Holz, Babus, Lack oder Keramik, gern innen mit Blattgold ausgelegt.
- **Chaschaku** = der Portionslöffel aus Bambus, Elfenbein oder Ebenholz. Mit ihm wird der Tee aus der Büchse in die Schale getan. Natürlich braucht man ein Bambusetui für dieses wertvolle, von einem Tee-Meister geschnitzte Stück.

- **Chasen** = der Tee-Schläger. Kunstvoll aus gespaltenem Bambus hergestellt, dient er zum Schaumschlagen und wird von den Japanern nicht sonderlich wichtig genommen. Aber von uns.
- **Koboschi** = der Napf für das Spülwasser.
- **Futaoki** = aus Bambus, Keramik oder Bronze ist dieses Utensil gearbeitet, auf dem man den heißen und/oder nassen Deckel des Kessels ablegt.
- **Hischaku** = ein zeremoniell unwichtiger Schöpflöffel.
- **Fukusa** = eine rotes, violettes oder braunes Seidentuch mit genauer Faltvorschrift. Mit ihm reinigt man die Trinkschale – natürlich symbolisch.
- **Kaschiki** = das Kuchentablett. Auf ihm werden die ganz speziell für die Tee-Zeremonie und nach besonders traditionellen Rezepten gebackenen Kekse gereicht.

So, das wäre also die Grundausrüstung für Hakobidate, die einfachste Version der Zeremonie.

Diese vielen hübschen Geräte stehen übrigens nicht als Nippon-Nippes herum, sondern werden in einem **Tanamono** aufbewahrt, einer Art Werkzeugschrank.

Wichtig für eine beeindruckende Zeremonie ist natürlich, daß man die Begriffe nicht durcheinander bringt und niemanden einlädt, der einen korrigieren könnte, wenn man mal aufs Improvisieren ausweichen und sich japanisch klingende Phantasiewörter ausdenken mußte.

Im Zweifelsfall hilft natürlich auch die Erklärung, man selbst und der neunmalkluge Gast (nie wieder einladen, das Arschloch!) folge wahrscheinlich verschiedenen Tee-Schulen und Tee-Meistern.

Japanisches Schönheitsideal

Der grüne Schaum-Tee schmeckt nicht besonders interessant, und sogar die Japaner trinken eigentlich nur schwarzen Tee, genau wie wir. Aber darum geht es ja auch gar nicht bei der Tee-Zeremonie, sondern um das Philosophische. Damit einem in dieser Hinsicht der Stoff nicht ausgeht, hier noch ein paar beeindruckende Fakten, die zwar eigentlich zum Allgemeinwissen gehören, aber trotzdem . . . :

Der große Neuerer der Tee-Kultur war der Japaner Rikiju (1522 – 1591), selbstverständlich ein Schüler des Jo-o. Er ersetzte die chinesische Tradition des Pomp durch eine Ideologie der Schlichtheit. Er propagierte Sabi, die gereifte Unaufdringlichkeit eines Gegenstandes, und ebenso Wabi, die Schlichtheit und Ruhe, das Freisein von Prunk. Sabi und Wabi – das klingt einfach gut, oder?

Als einer von Rikijus Fans ihm einmal ein neues und besonders prächtiges Tee-Geschirr zeigte, beachtete es der Meister nicht. Der Anhänger zerschlug es aus Enttäuschung und Wut, ein Freund kittete die Scherben zusammen. In diesem Zustand gefiel das Service dem Tee-Meister ganz hervorragend. Wahrscheinlich, weil es Shibumi hatte, den »herben Geschmack« der raffinierten Einfachheit durch absichtliche Unregelmäßigkeit. Den Shibumi-Effekt finden wir heute vor allem im Jeans-Bereich.

Vollkommen nach Rikijus Geschmack fiel das berühmte Raku-Tee-Geschirr (wer kennt es nicht!?) aus, nach Entwürfen des Meisters vom Star-Töpfer Amoya hergestellt: Laufglasur, ungleichmäßige Form (nicht auf der Töpferscheibe gedreht, das wäre zu glatt geworden), ohne Ornamente, unansehnlich.

Rikijus adeliger Chef, ein prunksüchtiger Angeber vor dem Herrn, verurteilte den Tee-Meister wegen geschmacklicher Differenzen und Starrsinns im Alter von 70 Jahren zum Harakiri.

---

13 Lu-yu, der geniale Neuerer und ehemalige professionelle Märchenerzähler der Tang-Dynastie, schrieb ca. 780 n.Chr. das Ch'a-king, die Tee-Bibel.

14 Weg des Tees

15 Tee-Zeremonie

DIE TEE-TRINKER

Der Tee-Trinker an sich

Ein Mensch des Geistes ist er, kein Macher oder Muskeltyp, sondern ein Denker. Und wenn er denkt, also immer, dann groß, gelegentlich auch etwas umständlich, also kreativ. Die Umsetzung seiner Ideen ... – er überläßt sie anderen, und daher erleben die meisten seiner Visionen niemals die Weihe der Praxis. Darob befällt den Tee-Trinker, aber nur gelegentlich, eine gewisse Wehmut. Meist reicht ihm die Vorstellung. Er ist sich sicher: »Die Welt könnte so schön sein, wenn ...«

Typische Flecken

Unverkrampft, wie er nun mal ist, hinterläßt der Tee-Trinker überall Spuren seiner Leidenschaft, und bei jedem neuen Fleck wähnt er das Schicksal im Spiel. Viel Zeit verbringt er über Akten, weil er über die Bedeutung der Tee-Ränder sinniert. Soll ihm hier etwas Höheres, Verschlüsseltes gesagt werden, und wie korrespondiert das mit der verborgenen Bedeutung der Eselsohren und Fingerabdrücke auf seinen Papieren?

Eine direkte Beziehung zwischen Schicksal und Tee-Trinken besteht ganz sicher. Jeder Chinese weiß (dank entsprechender chinesischer Weisheiten), daß man demnächst einen Kuß oder einen Liebesbrief bekommt, wenn man auf dem Tee in seiner Tasse ein Schaumkränzchen beobachten kann. Und großes Glück steht ins Haus, wenn der sich im Tee auflösende Zucker Blasen zur Oberfläche aufsteigen läßt.

Immer beliebter wird auch das Tee-Satz-Lesen.

Tee-Flecken auf Hemd und Bluse gehen nie wieder raus. Daher schaut sich der Tee-Trinker die Bescherung ausgiebig an, auch, weil er sich von seinem Kleidungsstück gleichsam verabschieden will. Er hat zu allen (!) seinen Sachen ein so überaus persönlichen Verhältnis! Laien erkennen in dem stumpf wirkenden Betrachten der Flecke nicht immer das, was es ist: fortgeschrittene Nabelschau zwischendurch. Oder ist der Beamte wirklich eingenickt? Mit offenen Augen[16]!? Tee-Trinker beherrschen Techniken des Träumens, von denen andere Menschen nur träumen können.

Eigenschaften der Tee-Trinker

Geschichtsbewußtsein

Zum einen hat er natürlich längst die notwendigen Lehren aus der Geschichte gezogen und könnte sofort den Beruf des Vorbilds ausüben. Aber er geht noch weiter: Der Tee-Trinker macht Geschichte, und zwar ganz bewußt.

Wie?

Bedeutende Familien können ihren Stammbaum lückenlos ein paar Jahrhunderte zurückführen auf irgendeinen aus den Geschichtsbüchern bekannten Stammvater, und im besten Fall besitzt man auch ein Sitzmöbel, ein Schmuckstück oder eine Urkunde, die von ihm stammt. Alle staunen über das Alter dieses einzigartigen Erbstückes und vergessen darüber: Es war einmal geschichtslos neu, nämlich weiland, als Pipin der Schwache von Hohenburg-Laudertal es neu kaufte. Schon damals muß das Teil nicht unbedingt teuer gewesen sein, denn auch profane Reste aus der Vorzeit bestaunen wir heute entzückt.

Wenn der Tee-Trinker heute – und natürlich auch ganz konkret – Geschichte macht, dann im Fachgeschäft. Dort erwirbt er nach sorgfältigen Preisvergleichen ein schönes Stück Tee-Ausrüstung und beginnt damit dessen Tradition. Kaum 200 Jahre später werden seine Nachkommen das verlockende Angebot des örtlichen Museums ausschlagen und lieber weiterhin mit seinem inzwischen überreichlich patinierten Karstadt-Service Gäste bewirten und erzählen, wie einst in tiefer Vorzeit ihr persönlicher Ur-ur-ur-Irgendwas Heinz-Frank ins Kaufhaus ging, damals, als die Welt noch so ganz, ganz anders war als deren dann heutige, welche die künftige unsere ist, jedenfalls für unsere Nachfahren.

Das klingt hochkompliziert und ist es auch. Daher nun nochmal die Kurzfassung für tee-trinkende Realschüler: Die eben neu gekaufte Karstadt-Tasse ist nicht »neu«, sondern steht am Anfang ihrer mehrhundertjährigen künftigen Geschichte.

Mit genau dieser Argumentation gelingt es dem Tee-Kenner, seine Gäste ehrfurchtsvoll auch vor einer Anschaffung verharren zu lassen, deren Preisschildchen noch nicht ganz abgelöst wurde. Sie schauen etwas Jungfräuliches an – noch während der Garantiezeit und genau zweihundert Jahre vor seiner Museumsreife.

Bescheidenheit

Der Tee-Trinker hat begriffen, daß es im Leben auf die innere Zufriedenheit ankommt und nicht auf die materielle oder das Materielle. Außerdem ist er sich seiner Kleinheit so bewußt wie niemand sonst. »Was ist ein Menschenleben«, fragt er, wenn er zufällig einen fast schon vergessenen Freund trifft, »gemessen am Alter des Universums? Und was sind, gemessen am Rüstungsetat der Bundesrepublik Deutschland, die paar Mark, die ich dir schulde?«

Tiefe Weisheit liegt auch in dem folgenden Hinweis: »Wäre ich damals unbescheidener gewesen, müßtest du jetzt doppelt soviel als verloren abschreiben.«

Sensibilität

Von allen Männern kann es nur der Tee-Trinker an Empfindlichkeit mit der Frau aufnehmen; die Tee-Trinkerin überschreitet oft die Grenze des Übersinnlichen.

Man spürt alles, manchmal auch mehr – nämlich das, was die Sinne und Meßinstrumente der anderen gar nicht erfassen können. Keinesfalls entgeht dem Tee-Trinker die unter seinem Bett verlaufende Wasserader und die verschiedenartigsten Vibrations im Raum. Gerade bei Vollmond ist es (und er) kaum auszuhalten.

Millionenfach wird er um seine Empfindlichkeit und sein Gespür beneidet, dabei ist Sensibilität doch zu oft auch ein schweres Kreuz. Nur schwer erträgt der Tee-Trinker z.B. den Aufenthalt in Räumen, deren elektrische Leitungen konventionell verlegt worden sind, und in Gebäuden aus Stahlbeton kommt es bei ihm regelmäßig zu Unwohlsein.

Er kann an keinem Bettler vorbeigehen, muß also ständig die Straßenseite wechseln, und immer wieder bricht es ihm das Herz, wenn er das Elend dieser Welt deutlich vor Augen geführt bekommt (z.B. in Form seines Kontoauszuges).

Großherzigkeit

Gern und üppig spendet er schon bei der geringsten Bedürftigkeit, vor allem Rat und Trost.

Geschmackssicherheit

Der Tee-Kenner ist sich sicher, daß er Geschmack hat.

Freude am Zitat

Leidenschaftlich zitiert der Tee-Kenner die größten Gestalten der Geistesgeschichte, also vor allem sich selbst: »Wie ich immer sage: ... «, oder, wenn der Lauf der Geschichte seine lange verspotteten Thesen nun doch endlich bestätigt: »Wie ich schon immer gesagt habe.«

Kritikfähigkeit

Besonders gern steht der Tee-Kenner mit seinen Auffassungen im Konflikt zu Lehrbüchern und herrschenden Meinungen. Ja, gerade wenn etwas »allgemein anerkannt« ist, wird er mißtrauisch. Er hinterfragt halt gern und vor allem dort, wo sich alle anderen längst einig sind.

Er eignet sich gerade deswegen zum Chef, weil er keinen Chef akzeptieren könnte und somit außer als Chef nicht in den Arbeitsprozeß eingegliedert werden könnte.

Missionsarbeit

Immer wieder leugnen Laien, daß es Unterschiede zwischen verschiedenen Tee-Zubereitungen gibt. Mit diesen Ungläubigen veranstaltet der Kenner gern kostenlose Missionsnachmittage. Er brüht, zu Zwecken der Demonstration und Beweisführung, denselben Tee mit unterschiedlichen Wassern; er stellt zwei Kannen mit identischem Inhalt einmal auf ein Stövchen, einmal auf den blanken Tisch; er läßt Tee aus der Thermosflasche mit einem identischen aber frisch gebrühten Tee vergleichen. All diese kleinen Experimente machen Spaß, sind erfolgreich und frischen den Bestand an Jüngern auf – was nötig ist, denn immer wieder ziehen welche in andere Städte und führen das Missionswerk fort. Großes Vorbild der Tee-Mission zum Anfassen: der Pepsi-Test.

---

16 Er hatte seinen Tee also unterdosiert und zu lange ziehen lassen!

STECKBRIEFE DER TEE-TRINKER-TYPEN

Der klassische englische Gentleman

Spätestens seit seinem 14. Lebensjahr befindet er sich im Ruhestand, ohne jedoch faul zu sein: Eifrig und sogar an Wochenenden studiert er ein so anspruchsvolles Hauptfach wie »das Leben«. Seine Eltern ärgern sich etwas, weil ihr Verdienst zwar die BAFöG-Grenze unterschreitet, sie aber trotzdem für ihn aufkommen müssen. Warum besuchen ihn diese unflexiblen Kleingeister nicht öfter? Da könnten sie einiges lernen für ihr Geld, vor allem natürlich über gehobene Lebensart.

So bleibt dem klassischen Gentleman-Typ vor allem die Ausbildung gleichaltriger oder jüngerer Bekanntschaften, denn die wirklichen »Freunde« können bereits sämtliche seiner Weisheiten wortwörtlich mitbeten und haben auf seinen Rat hin längst ihre Berufe aufgegeben.

Die kultivierte Elite verschwendet ihre Zeit nicht mit schnödem Broterwerb. Es zählen nicht materielle Güter, sondern die schönen Dinge des Lebens: das weitläufige Haus aus dem späten 18. Jahrhundert und die Bibliothek mit den ledergebundenen Erstausgaben. In solcher Umgebung, tief eingesunken in die spätviktorianische Sitzgarnitur, kann man sich dem Sinn des Lebens nähern – und im makellosen Hausmantel Gäste zu einer Tasse Tee einladen. Und dann wacht man auf, weil der Mensch nicht länger als 16 Stunden täglich schlafend auf dem Matratzenlager verbringen und von einem eigentlich angemessenen Lebensstandard träumen kann.

Der Linke

Auch wenn er aufgrund eines Schicksalsschlages zufällig nicht Lehrer oder Oberlehrer geworden sein sollte, steckt in ihm dennoch der Philosoph und – weil im Hohlraum seines Kopfes viel Platz ist – der Sozialromantiker. Zehntausende von Tassen Tee der unterschiedlichsten Sorten hat er um des Fortschritts willen getrunken, seit Tee-Trinken Anfang der 70er Jahre zum nonkonformistischen Muß geworden war.[17]

Ja, er möchte die Welt verbessern, und mit jedem zusätzlichen Tässchen steigen parallel sein Betroffenheitspegel und der Ideenfluß. Doch leider: Die revolutionären Bewegungen hören auf Kaffee-Trinker. Beweis: der Zustand der Welt und der Zusammenbruch des sogenannten Sozialismus.

Der Wohngemeinschaftler

Wenn einem Menschen nach zehn Stunden Plauder-Marathon Stimme und Geist versagen, läutet der Wohngemeinschaftler gerade mal das zweite Drittel ein. Ihm – und seinen Mitbewohnern – gehen die Themen nie aus, und so halten sie sich in der Tradition der Zen-Mönche nächtelang mit Tee wach. Auf jeden Aufguß folgt ein Erguß, meist über Spülen, Putzen und Spießertum. Der WGler geht erst zu Bett, wenn am nächsten Spätvormittag keine Selbstgedrehte mehr in den Ascher paßt und der gesamte Tisch mit einem gleichmäßigen Muster von Tee-Rändern dekoriert ist.

Der Wohngemeinschaftler trinkt aus »seiner« Tasse, die gern auch – seinem Temperament entsprechend – ein Becher sein kann, den er liebevoll »Eimer« nennt und nie ganz von seiner heimeligen Patina befreit (weder innen noch außen). Patina und Wohngemeinschaft – das gehört zusammen. Sie kann es zwar nicht so schön ausdrücken, aber seine Mutter findet das auch – mit Entsetzen übrigens.

Der Kenner und Ästhet

Er legt einzigartiges Geschirr und eine Tischdekoration auf, die man nur noch als Kunstwerk bezeichnen kann – und muß, wenn man nochmal eingeladen werden will. Und wer wollte das nicht, wo es doch im geschmackvollen Ambiente des tee-trinkenden Ästheten immer wieder interessante Geschichten zu hören gibt: woher die geschmackvollen Stücke in seiner Wohnung (speziell natürlich seine einzigartigen Tee-Utensilien) stammen; welchen abenteuerlichen Werdegang sie hinter sich haben; welche Bedeutung sie besitzen; eigentlicher Wert und wieviel weniger bezahlt wurde (und das war noch immer irre viel); etc. etc.

Selbstverständlich kredenzt der Kenner einen ganz besonderen Tee. Man erwartet das von einem Menschen, in dessen Leben ja auch alles andere ganz besonders ist, vor allem seine Einstellungen und Bücher.

Mehr Aufmerksamkeit noch als dem Haben widmet der Kenner dem Sein: Er ist vieles (selbstverständlich auch das, was er ißt, und er ißt sehr bewußt), weil er nicht nur alles weiß, sondern manches auch nachträglich noch studiert hat. Am meisten ist er natürlich er selbst, also natürlich. Das merkt man ihm allerdings nicht an.

Bereitwillig läßt der Kenner seine uneingeweihten Mitmenschen teilhaben an seinen Erkenntnissen, seiner Ausgeglichenheit und Weisheit. Es ist ihm eine Pflicht, anderen zu erklären, wo das Geheimnis des inneren Glückes zu finden ist – und wie man es am besten aufbrüht. In dieser Beziehung hat er, wie für alle anderen Fragen des Lebens einschließlich der ungestellten auch, sein ganz eigenes Rezept, und patentverdächtig ist das allemal.

Der wirkliche Tee-Kenner

Besonders schweigsame Naturen fühlen sich bei ihm wohl, und er sich mit ihnen.

Der perfekte Tee-Gast

Durchschnittlich etwa einer von 1000 Tee-Kennern macht sich als Gast bei Tee-Kennern beliebt, weil er keine besserwisserischen Monologe hält, sondern den

Rührlöffel nicht anrührt und den Gastgeber um sein wunderbares, für diese Stadt einzigartiges Wasser beneidet.

Der Lebenskünstler

Ihm gelingt es als einzigem in der gesamten feingaumigen Tee-Gemeinde, auch den zweiten Aufguß eines Tee-Beutels noch innig zu genießen.

Der weitgereiste kosmopolitische Traveller

Überall war er schon und hat die Menschen dort verstanden, weil er sich mit Rucksack, zwei Jeans und zwei T-Shirts bei ihnen eingenistet hat. Ja, er fühlt sich an vielen Orten des Globus wie ein Einheimischer, nur leider nicht in seiner Heimat, weil da alles so wahnsinnig entfremdet ist.

Um den Kontakt zu den preisgünstigsten Gegenden der Dritten Welt zu halten, trinkt er, wie dort üblich, andauernd Tee und verlangt dies auch von seinen Gästen, damit sie während seiner gefürchteten Dia-Vorträge nicht einschlummern können.

Der Nicht-Kaffee-Trinker

Das Getränk aus der Röstbohne schmeckt oder bekommt ihm nicht, und die Gesellschaft der Kaffee-Anhänger noch weniger. So schlägt er sich dem Tee-Lager zu und wartet auf eine Initialzündung, die ihn zum Tee-Fan macht.

Ständig versuchen ambitionierte Tee-Trinker, ihn zur ganz, ganz reinen Lehre zu bekehren. Aber der Nicht-Kaffee-Trinker spricht nicht darauf an. Er würde auch jedes andere Notlösungsgetränk statt Tee trinken, vorausgesetzt es sieht aus wie Tee und schmeckt auch so. Kurz: Dies ist der wahre Banause (typischer Beutelkunde), und niemand schadet dem Ruf der Tee-Trinker mehr als er. Bisher kam es aber erst selten zu Übergriffen gegen Nicht-Kaffee-Trinker, weil Tee-Trinker so viel Selbstdisziplin besitzen.

Die Diätistin

In den Ursprungsländern des Tees wäre sie begehrt wegen ihrer mehr als gesunden Erscheinung, aber trotzdem trinkt sie Tasse nach Tasse, um sich zu entwässern und bis zum westlichen Schönheitsideal abzumagern: Konfektionsgröße 40/42.

Nein, die Diätistin hat niemand in die Gemeinde der Tee-Trinker gebeten, man meidet sie gesellschaftlich – auch wegen ihres momentanen Aussehens. Muß sie denn unbedingt den Ruf des Tees ins Lächerliche ziehen? Hätten es die Hollywood-Ananas-Slimming-Strategy oder eine profane Brigitte-Diät nicht auch getan? Oder FdH[18]? Ja, hätten sie, aber die Tee-Diät ist all diesen dadurch überlegen, daß man soviel essen darf, wie man will. Das Ergebnis ist aber trotzdem gleich: nämlich gleich null. Sie hätte eben das Rauchen nicht aufgeben sollen.

Die überzeugte Tee-Trinkerin

Die überzeugte Tee-Trinkerin unterscheidet sich von anderen Trinkerinnen in mehrfacher und ganz entscheidender Hinsicht: Sie wartet mit der Flüssigkeitsaufnahme nicht so lange, bis der Durst so quälend geworden ist, daß man ihn eigentlich nur noch mit Bier löschen kann; sie schüttet aber andererseits auch nicht literweise starken Kaffee in sich hinein, um ihre Rolle als berufstätige Hausfrau-Mutter-Geliebte durchstehen zu können und damit die abartigen Erwartungen ihres asozialen Lebensgefährten zu erfüllen; eine fade Wasser-Trinkerin ist sie ebenfalls nicht; und wenn die Koalition der Machos und Paschas hofft, sie lasse sich mit Milch, Saft und Limo auf kindliche Hilflosigkeit reduzieren, dann irren diese Untermenschen gewaltig; am allerwenigsten akzeptiert die überzeugte Tee-Trinkerin die Getränke, die Männer ihr vorsetzen, um schneller zu ihren primitiven Zielen zu kommen. Nein, die Tee-Trinkerin trinkt Tee.

Tasse um Tasse eröffnen sich ihr neue Horizonte der Weiblichkeit – ihre Sinnlichkeit wird zur Übersinnlichkeit, und schon erlebt sie ihre ganz persönliche Verbindung zum Natürlichen, ja manchmal sogar zum Wahren. Schade, daß Männer einen zu kleinen Magen haben, um so weit zu kommen.

Frauen untereinander entdecken beim Tee metaphysische Gemeinsamkeiten, z.B. wen aus dem Bekanntinnenkreis die gesamte Damenrunde beim Tee unmöglich findet, speziell in diesem giftgelben Kleid, aber Helmut, ihrem »Mann«, wenn man das von Helmut überhaupt sagen kann, scheint das zu gefallen, Helmut, diesem unmöglichen Typ, aber scheinbar hat Ingrid sowas inzwischen nötig, bei ihrer Orangenhaut.

Der romantische Bart

Urgemütlich wird es erst, wenn die 250 Kerzen in seiner Stube fast allen Sauerstoff verbraucht haben und die Halluzinationen beginnen. Er sitzt tee-schlürfend zwischen seinen Boxen und denkt mit jedem Satz, den Leonard Cohen singt und er teilweise versteht: Es kommt mal wieder irgendwie unheimlich viel Wahrheit rüber irgendwo. Dasselbe denkt er, wenn er Suzanne Vega auflegt, nur daß er sich in diesem Falle auch vorstellen kann, wie es wäre, mal wieder eine Frau kennenzulernen – um beim Tee »unheimlich schöne Gespräche zu haben, du«, und unheimlich wahre und wichtige auch. Außerdem könnte er mit ihr seinem Hobby fröhnen: Zuhören.

Wenn er sich rasiert, bleibt immer noch der »Bart im Kopf«, und der fürchtet sich besonders vor der Schere im Kopf, die der Mann im Ohr seit seiner Umschulung zum Friseur so unbarmherzig einsetzt.

Der gemütliche Typ

Er ist wesentlich gemütlicher als der ungemütliche Typ.

Der urgemütliche Typ

Steigerung des gemütlichen Typs durch Übergewicht und Brille. Er zieht seinen Norwegerpullover niemals aus. Niemals. Dazu ist er einfach zu selbstgestrickt. Aus demselben Grunde raucht er die Selbstgedrehte so lange, bis man sie auch mit den spitzesten Fingern nicht mehr halten kann. Später, wenn sie ausgekühlt ihm Ascher liegt, öffnet er sie und ihre fünf Nachbarkippen, um aus ihnen und einem Gizeh-Blättchen eine Recycling-Selbstgedrehte selbst zu drehen und selbst zu rauchen.

Der New-Ager

Seit vor längerer Zeit Bodhidharma ihn erfunden hat, gilt der Tee als Zunftgetränk der Erleuchteten und Weisen. Er rahmt Selbstfindung und Meditation ein und sagt mit einer Eindeutigkeit wie früher nur echter Champagner: Ich bin was Besseres. Warum? Weil ich Tiefe besitze und in ihr schürfe.

Der Müsli

Entgegen einem verbreiteten Vorurteil beschränkt sich der Müsli beim Klönen nicht auf das Thema »richtige Ernährung«. Mindestens genausogern spricht er auch über »falsche Ernährung« und überhaupt über alles, was die anderen jetzt, er im schlimmsten Fall früher einmal, falsch gemacht oder gegessen haben.

Wie jeder Mitbürger, der auf jede Frage wie aus der Pistole geschossen nicht nur eine, sondern sogar die einzig richtige Antwort geben kann, trinkt er ständig in der (von ihm aus Gründen der Weltrettung selbstgebastelten) Öffentlichkeit Tee, um bei seinen Monologen nicht zu sehr wie ein Belehrungsautomat zu wirken.

Natürlich hat der Müsli auch Träume. Eines Tages möchte er sich so weit hochentwickelt haben, daß er nur noch Wasser trinkt. Auch daraus könnte man einen Kult machen.

Der und die Intellektuelle

Tee-Trinker sind unfähig zu jeder Art von Oberflächlichkeit. Wenn man also einem Menschen zuhört und nur Bahnhof versteht, unterscheidet man den Schwätzer vom Vor- oder Querdenker an der Flüssigkeit in der Tasse.

Der Draußen-Arbeiter

Nur er beherrscht die Unterscheidung zweier besonderer Tee-Arten: Tee mit Rum und Rum mit Tee. Zum Aufwärmen braucht man halt was mit – äh … – Tee drin.

---

17 Was allerdings nur auf Deutschland zutrifft. In England entscheidet sich ein Nonkonformist ohne Zögern für Kaffee, ein dort rebellisch anmutendes Getränk.

18 Friß die Hälfte

LANDSMANNSCHAFTLICHE ORIGINALE UND FÄLSCHUNGEN

Der Ostfriese

Im hohen Norden trinkt man den Tee mit Milch. Nach Meinung vieler Nicht-Ostfriesen warten 15 Ostfriesen im Nebenzimmer, bis der Gastgeber Tee in die Tassen gegossen hat. Dann tragen sie die Kuh rein und halten sie über den Tisch. Vier Mann ergreifen die Zitzen, zehn Mann heben die Kuh hoch und runter, einer überwacht die Aktion und gibt die Kommandos.

Wahrscheinlich gehört diese Geschichte ins Reich der Legende. Warum? Die Ostfriesen sind arm, und wer wollte da bei jedem Melken die vielen Arbeitskräfte bezahlen, wo doch pro Tag vier Tee-Pausen üblich sind und jeder Tee-Trinker mindestens drei Tassen leert!? Oder läuft das mit der Kuh alles im Rahmen ostfriesischer Nachbarschaftshilfe ab? Noch etwas wirkt unglaubwürdig an der Geschichte mit den 15 Leuten: So doof sind die Ostfriesen nicht, sie brauchen keine gesonderte Führungskraft, sondern erledigen das mit dem Tee und dem Euter basisdemokratisch zu vierzehnt.

Auch bei anderen Tee-Verrichtungen stellt man sich in dieser Weltgegend etwas umständlich an. Das siedende Wasser wird nicht einfach über die Tee-Blätter gekippt – zehn Sekunden und fertig. Nein, das Schütten zieht sich (bei großen Kannen) über bis zu zwölf Minuten hin. Das Kesselhalten fördert den Muskelwuchs in Armbereich.

Die Tassen der Ostfriesen sind so klein, daß man ständig nachgießen muß. »Dreemal is Ostfreesenrecht«: Drei Tassen werden jedem Gast aufgedrängt. Die erste gilt als Aufmerksamkeit für den Gast; eine zweite wird der Geselligkeit halber getrunken; bei der dritten erwartet der Gastgeber ein dickes Lob für die tolle Qualität des Tees.

Bis vor gar nicht langer Zeit hieß das für den Gast: Lügen, daß sich die Balken des reetgedeckten Fachwerkhauses biegen. Denn Ostfriesland litt immer schon unter besonders schlechtem Wasser: fades Regenwasser aus Zisternen oder zweifelhafte Moorbrühe, gern auch leicht salzig. Außerdem waren die Ostfriesen ein armes Völkchen und konnten sich gerade mal die billigsten Tee-Sorten leisten, nicht selten nur die verdorbenen Reste von Schiffsladungen. Mit ganz viel Sahne und Kandis ließ sich das Schlimmste überdecken, wenn man sich nicht sowieso, während der elf kalten Schlechtwettermonate pro

Jahr, für den »Pharisäer« entschied: Tee mit viel Rum und einem Sahnehäubchen.

Ostfriesen klönen stundenlang über alles (selten) oder nichts (meistens), während der Tee auf dem Stövchen brodelt. Dem echten Tee-Experten stellen sich die Haare auf, aber, wie gesagt, in Ostfriesland gab es über Jahrhunderte nichts zu verderben.

Die Tee-Sucht der Ostfriesen ist notorisch und amtsbekannt. Im Zweiten Weltkrieg galten Tee und Kaffee allgemein als »entbehrliche Genußmittel«. Nur im offiziell sogenannten »Ostfriesischen Teetrinkerbezirk« gab es Sonderrationen auf »Tee-Karte«. Damit man möglichst lange Freude an ihm hatte, wurde während des Krieges der ausgelaugte Tee-Satz gern getrocknet und ein zweites Mal verkauft.

Heute verbraucht ein Ostfriese soviel Tee wie 15 Westdeutsche und kann dank dieser Werte mit den Briten und Iren konkurrieren. 2 % der westdeutschen Bevölkerung leben ihm Lande Ottos und Karl Dalls, aber diese wenigen verbrauchen ein Viertel allen Tees unserer Heimat (ohne Ex-DDR). Man wundert sich bei solchen Werten, wie wenige Nobelpreisträger zwischen den Deichen aufwachsen. Aber das mag an der Bescheidenheit der Tee-Trinker liegen: Ostfriesische Genies ziehen es vor, nicht groß rauszukommen.

Der Bayer

Süddeutsche konnten dem Tee noch nie etwas abgewinnen. Zum »Menschen«-Schlag südlich des Weißwurstäquators paßt der Suff besser als der feinsinnige Tee-Genuß.

Der Engländer

Heute, kurz vor ihrem Aussterben, trinken die Engländer nur noch Beutel-Tee, und zwar nur solchen der allermiesesten Qualität. Welche Blüten die Inzucht in unbedeutenden Inselreichen treiben kann, mag man an diesen Tee-Beuteln ablesen: Sie besitzen noch nicht einmal einen Faden zum Herausfischen! Kann ein Volk tiefer sinken als seine Beutel?

Dabei war England einst **die** Tee-Nation! Thomas Lipton verkaufte in seinem Londoner Laden den ersten Marken-Tee in aromaschonenden Verpackungen, anstatt die empfindliche Ware lose aus der großen Kiste zu schaufeln. Die Qualität seiner Sorten blieb durch raffinierte Mischungsmethoden jedes Jahr gleich.

Außerdem nahm er die Sache mit dem Tee-Wasser ernst. Sein Werbespruch lautete: »Der für Sie richtige, zum Wasser Ihrer Stadt passende Tee!« Tatsächlich experimentierte der Tee-Freak Lipton ständig mit Wassern aus allen möglichen englischen Ortschaften.

Als er schließlich auch den Kontinent erobern wollte, gab es Probleme mit dem Zoll. Keiner der englischen Zollbeamten glaubte Lipton's Deutschlandvertreter bei der Einreise ins Vereinigte Königreich, daß die ominösen Flaschen in seinem Koffer »nur« Trinkwasser aus Hannover und Hamburg enthalten sollten. Unter amtlicher Aufsicht mußte es bewiesen werden.

Der Amerikaner

Ihren dünnen Kaffee kann man nicht trinken, aber sie tun es trotzdem – literweise und seit 200 Jahren, mit den bekannten Ergebnissen. Doch sie tragen nicht die Schuld daran. Daß die Weltmacht Amerika nicht durch die für Tee-Trinker kennzeichnende ausgeglichene Intelligenz regiert wird, geht auf das Schuldenkonto der Engländer:

Weil am Ende des 18. Jahrhunderts auf der Insel niemand den schlechten und von Wuchersteuern überteuerten Tee des staatlichen britischen Monopols kaufen wollte und sich stattdessen jedermann bei den perfekt organisierten Schmugglern eindeckte, sammelte sich in England ein riesiger Tee-Berg an (das Vierfache des britischen Jahresverbrauches).

Die Nordamerikaner – eigentlich wie die Gründerväter begeisterte Tee-Trinker – boykottierten die teuren britischen Produkte. Als aus England Schiffe voller Tee nach Amerika kamen, um überschüssigen Tee zu Dumpingpreisen loszuschlagen und den Boykott zu brechen, stürmte eine Horde amerikanischer Pioniere, folkloristisch als Indianer verkleidet und angestiftet von dem Tee-Schmuggler Oberst Hancock, die Tee-Schiffe im Hafen von Boston und warf die Sperrholzkisten mit 50 Tonnen Tee ins Meer. Eine echte Party, und sie wurde später als Boston-Tea-Party Teil unseres Englischunterrichts. Mit ihr begann die heiße Phase des Unabhängigkeitskrieges und die Karriere des Kaffees in Amerika.

Nur ein Zehntel der in England üblichen Tee-Menge verbraucht der Durchschnittsamerikaner heute, und das meist in Form von Iced Tea, den es auch als Pulver und als Dosengetränk gibt. Iced Tea wurde 1904 erfunden, als auf der

Weltausstellung in St. Louis keiner der Besucher heißen Tee trinken wollte. In den Ausstellungszelten war es brütend heiß, und nur kalte Getränke wurden nachgefragt.

Der Propagandist Richard Blechynden kam auf die Idee, hohe Gläser mit Eiswürfeln anzufüllen und doppelt stark gebrühten Ceylon-Tee darüberzuschütten. Exotisch gekleidete Singhalesen boten das neue Erfrischungsgetränk den Besuchern an.

Zum Ende der Ausstellung war Iced Tea bereits ein feststehender Begriff, inzwischen ist er das amerikanische Nationalgetränk – zumindest im Sommer (30 % allen Tees wird eiskalt getrunken).

Man reicht ihn abgeschmeckt mit Zucker, Zitronensaft und ein paar frischen Minzeblättern.

Die Deutschen

Mit westdeutscher Gründlichkeit haben die Westdeutschen eine internationale Spitzenposition als Tee-Kenner erobert. Nirgends in der Welt wird so viel erstklassiger Tee vorschriftsmäßig importiert, vorschriftsmäßig gekauft und vorschriftsmäßig gebrüht wie in Westdeutschland.

Groß ist die Enttäuschung der Deutschen, wenn sie in Ceylon und Indien feststellen müssen, daß man nirgends die Qualitäten kaufen kann, die bei uns jedes x-beliebige Fachgeschäft anbietet. In England trifft so manchen der Schlag. Und auch die Japaner – naja, Hamburger und Tee-Beutel verschonen auch Nippon nicht.

Wie so oft in anderen sind wir Westdeutschen auch in Tee-Dingen führend, und dies natürlich mit Abstand. Der Kanzler geht davon aus, daß auch die Ostzone bald Weststandard erreichen wird – wahrscheinlich schon im Jahre 2141.

Die Südländer

Gefährliche Menschen trinken Kaffee und finden ihre Mitte nie. Es besteht aber noch Hoffnung, daß selbst Italien oder Frankreich zivilisiert werden, denn auch in England begann der Siegeszug des Tees in Coffee-Shops, diesen nur von Männern frequentierten Vorgängern der späteren Clubs.

Die Moslems

Sie lieben den Tee – auch wenn man ihn aus dem gleichnamigen Gesöff vor lauter Minderqualität des Blattes, unendlich viel Zucker und Beigaben von frischer Minze nicht herausschmecken kann. Zweifellos wird ein so edles Getränk wie Tee auf diese Weise völlig verhunzt, aber eigentlich lieben die Moslems den Tee auch nicht wirklich. Sie trinken ihn nur, weil ihnen andere aromatische Getränke aus Gründen des Glaubens verboten sind: Wodka und E 605.

Wer ist wie süchtig?

Wo trinkt man wieviel Tee? Hier nun der jährliche Pro-Kopf-Verbrauch in Gramm[19]:

Saudi Arabien	über 6000 Gramm Tee
Irland	3400
England	3100
Neuseeland	2100
Irak	2100
Türkei	2000
Australien	1600

Es folgen diesen Spitzenreitern die Tee-Trinker der Länder Sri Lanka, Tunesien, Iran und Jordanien.

Erstaunlich wenig verbrauchen die beiden Export-Weltmeister:

Japan	970
BRD	220

19 Aus W.E.J. Schmitt: »Tea«, 4. Aufl. Dortmund 1989

TRAUMBERUFE FÜR TEE-TRINKER

Patina-Hersteller

Dem offensichtlich Neuen mangelt es immer an Atmosphäre und Charakter. Daher erfreut sich das Alte einer so großen Beliebtheit. Gerade bei den Gerätschaften zur Tee-Bereitung gilt dies, denn wirklich heimelig wird es erst, wenn

Gebrauchsspuren und am besten eine dicke, dicke Patina auch scheinbar leblosen Dingen eine Persönlichkeit verleihen.

Tee-Trinker sind geduldige Menschen, aber nicht jeder hat genug Freizeit, die 200 Jahre abzuwarten, die aus einem Karstadt-Sonderangebot ein Sammlerstück für Kenner machen würden, um das einen sogar ein Tee-Meister beneiden würde – und zwar **echt** beneiden, nicht nur aus Höflichkeit.

Genau hier setzt die Aufgabe des Patinisten an. Seine Küche steht voller Herde, Kessel und Kannen. Bis zu 16 Stunden am Tag kocht dieser wackere Mensch Wasser und brüht daraus unermüdlich Tee, nur um ihn dann gleich wieder wegzuschütten. Aber seine Gerätschaften altern mit der etwa 15fachen Geschwindigkeit, und dabei wird nicht einmal geschwindelt.

Nach kaum zehn Jahren kann er z.B. Tee-Kannen zu einem vielfachen ihres ursprünglichen Preises an Sammler weiterverkaufen, weil sie so viele Betriebsstunden auf dem Buckel haben wie ein normales Stück von 1835.

Tee-Schalen-Töpfer

Manche der besonders geschickten Töpfer brauchen Jahre, bis ihnen eine Tee-Schale gelingt, wie sie von den Japanern als besonders erstrebenswert angesehen wird: schmucklos und ungleichmäßig. Es ist schon eine Last, wenn einem immer nur schöne Sachen unter den Händen entstehen wollen, und noch dazu wie von selbst.

Die besten Chancen, den Weg in die Annalen des Tees zu schaffen, haben Tee-Enthusiasten mit mehreren linken Händen (außer wenn sie Linkshänder sind – die müßten zwei rechte Hände haben, um den Durchbruch im Keramikbereich zu schaffen.). Doch auch sie sollten, wie von führenden Tee-Meistern empfohlen, die Schale nicht auf der rotierenden Töpferscheibe zu schaler Eleganz formen, sondern ihr schmuckloses Werk ausschließlich mit der Hand vor sich aufbauen. Einzige Vorgabe: Die Schale sollte dicht sein. Also ab ins Hobby-Geschäft, ein paar Klumpen Ton besorgen, und schon kann die ganz große Sauerei und Karriere beginnen!

Tee-Pflücker(in)

Immer in der freien Natur, immer an der frischen Luft – und immer in der

Nähe des geliebten Strauches. Wenn man sich ein wenig einschränkt, dann kann man, bei den Preisen dort, mit den üblichen 30 Pfennig Stundenlohn durchaus auskommen.

Tee-Laden-Besitzer

Ständig umgeben von Tee und Menschen, die jeden Tee kaufen, solange man ihm nur ein genügend teures Etikett aufklebt. Gerade vom Darjeeling ist ja bekannt, daß ein Vielfaches der geernteten Menge verkauft wird.

Tee-Meister

Unter dem gerahmten Meisterbrief kommt der Tee-Meister mit seinen Adepten zusammen. Er kann ihnen erzählen, was er will, sie müssen es ihm glauben und auch noch dankbar dafür sein. Das ist der Lohn für viele karge Tee-Geselenjahre.

Kaiser von China

Tee-Trinker üben vielfach hochinteressante und ungewöhnliche Tätigkeiten aus – Berufe, die man ihnen nicht immer zutraut. So hört der Tee-Trinker oft aus dem Mund neuer Bekanntschaften: »Wenn du das bist, dann bin ich der Kaiser von China« – Wer kennt es nicht, dieses geflügelte Wort. Die Person, die gerade als Kaiser von China arbeitet, bekommt zu hören: »Wenn du der Kaiser von China bist, dann bin ich der Kaiser von China.« Und das kann beim besten Willen nicht sein.

TEE-VERSORGUNG AUF FREIER WILDBAHN

Fachbetriebe der Gastronomie

Mehr noch als jeder andere Mensch muß sich der Tee-Kenner auf jede kleinste Reise sorgfältig vorbereiten, will er nicht jenseits seiner eigenen egal wieviel Wände von Entzugssymptomen geschüttelt werden.

Vor allem ein Verlängerungskabel und den geeichten Kilowattstundenzähler haben schon viele schmerzlich vermißt, wenn sie in Restaurants eingekehrt sind und dort ihr mitgebrachtes Wasser mit dem eigenen Tauchsieder im eigenen Reisekessel erhitzen und dafür auch angemessen zahlen wollten.

Sie mußten dann wohl oder übel Heißwasser aus der Fertigung des Hauses bestellen, und natürlich hat man da immer ein etwas ungutes Gefühl – ein Tee-Trinker will nicht gern dankbar sein müssen, er zahlt, was er schuldet.

Und so heißt es dann:

»Ein Glas Heißwasser, was macht das bitte, Herr Ober?« Man rundet auf ganze Groschen auf und läßt sich eine Quittung geben.

Irgendwann kehrt der Tee-Trinker heim und hat für relativ wenig Geld relativ viel fürs Leben gelernt, vor allem: zu Hause ist es immer noch am schönsten. Und Reisen – ist das nicht nur die Flucht vor sich selbst?

Die Leiden des Eingeladenseins

Der Besuch gastronomischer Fachbetriebe mag manchem als Qual erscheinen, aber den wirklich schwierigen Gang tritt der Tee-Kenner an, wenn er einer Einladung folgen muß.

Immer wieder bemühen sich Laien, kaum haben sie von seiner Kennerschaft erfahren, um eine Tee-Bewirtung des Ehrengastes »nach allen Regeln der Kunst« und erwarten von ihm, für sämtliche ihrer lächerlichen Kardinalfehler auch noch gelobt zu werden.

Für den wirklichen Kenner heißt das: Fachbuch kaufen und jedesmal eine andere überraschende Krankheit als Entschuldigung fürs Wegbleiben vorschieben.

Kenner auf Reisen

Glücklicherweise bietet der Fachhandel eine Reise-Ausrüstung an, und bei ihr handelt es sich um das »Master Set«: eine Tee-Waage, eine Tee-Uhr, ein Tauchsieder, ein Porzellanbecher zum Heißmachen des Wassers, eine Schale für den Tee, ein Tee-Löffel und Zucker (evtl. auch ein paar Kunststoffportionsbecherchen Sahne). Dazu kommt noch ein Sieb, wenn man beim Umgießen nach dem Ziehen die Tee-Blätter nicht mit dem Löffel zurückhalten will. Und das Wichtigste: wenigstens vier Sorten Tee.

Es wird vor Ort gebrüht! Keinesfalls trinken wir Tee aus einer Thermosflasche – dort wäre er schon nach ein paar Minuten erstickt.

Warum der schlechteste Tee im Flugzeug serviert wird

Der Grund liegt doch auf der Hand: die Harmonie. Das Getränk muß mit der Qualität der Speisen harmonieren! Auch der Tee bei Air India und Air Lanka ist unter aller Kanone. Das liegt auch, aber nicht nur, an dem grauenhaften Wasser in Flugzeugen.

Der wirkliche Tee-Trinker nimmt sich also nicht nur sein Reiseset mit in die Kabine, sondern denkt auch an einen ausreichenden Wasservorrat. Der Schwachpunkt liegt beim Wasserkochen. Gelingt es dem Kenner nicht, einen Campingkocher mit Gas oder Benzin durch die Security zu schmuggeln, muß es eben der Tauchsieder sein, für dessen Anschluß im Klo die Rasierer-Steckdose gedacht ist. Business-Class-Patienten bitten den Flight-Attendant, ihnen ihr Lieblingswasser zu sieden. Natürlich unter Aufsicht des Tee-Kenners, nicht daß das Personal am Ende das Wasser mit Wasser verschneidet.

FEINSTHEITEN

Die Angst vor Giftmorden

Bevor ein Kenner eine Flüssigkeit zu sich nimmt, muß er sich erst über deren Vorgeschichte informieren. Welches Wasser wurde wie lange von wem worin warum gekocht? Welcher Tee wurde wann gekauft, wie gelagert und wie dosiert zum Aufguß verwendet? Wie lange zog die Sache, wie wurde gefiltert, und was gibt es zur Vorgeschichte der Kanne zu sagen? Ist diese weiße Flüssigkeit Sahne oder Milch, aus Karton, Flasche, Pulver, Tüte oder Dose, vollfett, halbfett? Ist sie H, frisch oder die neue H, die wie frisch schmeckt, aber trotzdem ziemlich H ist? Wie wurde die Tasse gespült? Man kann schon von Glück sagen, wenn er wenigstens die Zuckerfrage nicht stellt.

Natürlich könnte er das auch alles herausschmecken. Aber man möchte sich dabei schließlich nicht vergiften.

Die Angst vor Geschenken

»Da habe ich dir übrigens etwas ganz besonderes mitgebracht«, droht der Schenkende an, und der Tee-Kenner weiß, daß er sich in wenigen Sekunden entweder Gedanken über die Vernichtung von Tee-Nippes oder sogar von Tee selbst machen muß.

Ganze Ladenketten leben davon, daß Freunde des Tee-Freundes dem Tee-Freund Freude schenken wollen. Doch dann wird aus dem geschmackvollen Parfüm-Tee doch nur einmal so etwas ähnliches wie Tee gebrüht – und auch nur, um den schenkenden Barbaren nicht zu kränken. Geschickt und schnell wie ein Windhauch im Bambushain leert der Beschenkte seine Tasse in den Topf mit der wehrlosen Bambuspflanze. Natürlich entschuldigt er sich, wenn man wieder allein ist, bei ihr.

Zur Entsorgung all der Präsente, die besonders von Herzen kommen, weil sie im VHS-Kurs selbstgetöpfert worden sind, muß er sich gute Ausreden einfallen lassen. War es die Putzfrau mit Tollwut im Bauch und Schaum vor dem Mund, die neulich Amok lief? Oder Trickdiebe, die nur das Wertvollste im Haushalt mitgehen ließen – also das unvergleichliche Steingut? Kontinentaldrift und lokal begrenztes Erdbeben? Eine tragische Verwechslung?

Was schenkt man einem Tee-Kenner also? – Bargeld? Natürlich nicht – obwohl ... – Nein, der Tee-Liebhaber läßt sich am liebsten etwas ganz anderes schenken: Aufmerksamkeit. Ansonsten ist eher er es, der schenken will, und sein Schenken ist immer mehr ein Spenden. Wie wir es auch aus Afrika und der Sowjetunion kennen: Leider kommen die bestgemeintesten[20] Geschenke nicht immer beim Empfänger an.

Warum der Tee-Trinker so überaus gesund ist – außer, wenn er gerade krank ist

Steinalt kann man nur werden, wenn man genügend Tee trinkt. Der Japaner Shigechiyo Izumi wurde 120, weil er jeden Tag mit einer Schale Tee begonnen hat. Eine Engländerin, die es 45 Jahre lang auf täglich 40 Tassen brachte, wurde ebenfalls 120 Jahre alt. Klar, daß die Versicherungswirtschaft tee-feindlich eingstellt ist.

Vielfältig sind die medizinischen Wirkungen des Tees. Er enthält viel des Zahnhärters Fluor. Fünf bis sechs Tassen liefern die erforderliche Menge zur Karies-Prophylaxe. Zähne und Knochen freuen sich außerdem über das viele Kalium im Tee.

Die Spurenelemente Theobromin und Theophyllin sind für die entwässernde Wirkung des Tees verantwortlich, dem Theophyllin verdanken wir zusätzlich eine positive Wirkung auf die Blutgefäße und eine mild anregende Wirkung direkt auf das Nervensystem.

Tee macht die Gefäßwände elastischer und reduziert so den Blutdruck. Seine harntreibende Wirkung verhindert die Bildung von Blasen- und Nierensteinen. Immer wieder kann man in der Fachliteratur von Erfolgen im Kampf gegen Bluthochdruck, Arterienverkalkung und chronische Hepatitis lesen. Auch in der Vorbeugung von Infarkten und vor allem bei der Linderung von Rheuma werden mit Tee gute Ergebnisse erzielt.

Dem grünen Tee sagt man nach, er mache Antibiotika überflüssig. In Japan setzt man Tee gegen die Folgen des radioaktiven Strontium 90 ein. Bei empfindlichem Magen helfen Gerbstoffe, also grüner Tee oder Schwarz-Tee, der fünf Minuten ziehen konnte.

Kurz: Ein kranker Tee-Trinker muß irgendwelche anderen Probleme haben, und ich bin mir ganz sicher, es kann sich nur um psychische handeln. Nein? Ach ja, geht auch nicht, weil er so ausgeglichen ist. Gut: Ein Tee-Trinker ist nie krank.

Giftige Tees

Tee-Sträucher wachsen in riesigen Monokulturen. Gegen Schädlinge und Krankheiten wird mit allerlei Giften vorgegangen. Naturgemäß finden sich Lindan, DDT, Dieldrin und deren Abbauprodukte in Tee-Proben, allerdings fast immer in relativ harmlosen Konzentrationen (zwischen letztem Spritzen und Verzehr liegt eine besonders lange Zeit).

Die geringsten Belastungen mißt man in Ceylon-Tee und Tee aus der Türkei, die schlechtesten Werte finden sich in Produkten aus China und der Sowjetunion.

Wer nun zu »Bio-Tees« greift, bekommt zwar das Gefühl (!), sie seien ohne Gifte erzeugt, aber leider kommen noch keine sonderlich guten Qualitäten in den Handel.

20 Der Autor lobt für jede weitere Steigerungsform ein sehr hohes Preisgeld aus.

TEE-CHINESISCH

Manche Menschen können zu allem und jedem etwas sagen. Handelt es sich um etwas Lustiges, nennen wir sie Stimmungskanonen, sind es Zahlen und Fakten, sprechen wir vom Klugscheißer, sprudeln chinesische Weisheiten, lauschen wir sicher einem Tee-Trinker.

Nicht nur mit den unsterblichen Einsichten der Herren mit den lustigen Namen unterhält er uns, sondern auch mit allerlei sehr chinesischen Begriffen, deren Bedeutung er uns bereitwillig erläutert.

Da fragt man sich: Wie kann sich der Tee-Trinker all diese Hüan Tsung t'chi li yün-ne etc. etc. eigentlich merken? Ganz einfach: gar nicht! Die blumigen Namen und die dazu passenden Anekdoten, Sinnsprüche und Lebensweisheiten erfindet er frei Schnauze und aus dem Bauch heraus – immer wieder neu. Nur der degenerierte Westler verübelt ihm als angeberische Lüge und Geschwätzigkeit, was doch eigentlich etwas ganz anderes ist: ewige Einsicht verpackt in längere Geschichten.

Blumige Sorten-Namen

Wu-lung heißt ein Oolong aus Taiwan, und das bedeutet bekanntlich »Schwarzer Drache«. Wie dieser Tee zu seinem Namen kam? Ein chinesischer Tee-Pflanzer träumte unter einem blühenden Tee-Strauch von einer schwarzen Schlange.

Hy-son (Taiwan) kommt von Hsi-chun und heißt »Glücklicher Frühling«, weil Fräulein Glücklicher Frühling diese Mischung für das Tee-Geschäft ihres Vaters erfunden hat.

Diese zwei Beispiele mögen als kleine Anregung dienen. Denken Sie sich nun ausländisch klingende Wörter aus, erfinden sie eine mysteriöse Übersetzung dazu und erzählen Sie dann die ergreifende Anekdote, die sich um die Entstehung der Sorte rankt. Besonders glaubwürdig werden Sie erscheinen, wenn Sie sogar mehrere Versionen vortragen können.

Kleines fachchinesisches Lexikon:
So kommentiert der Kenner

Backey

»Angebacken«. Unerwünschtes Aroma durch zu hohe Trocknungstemperatur.

Body

»Körper«. Aufguß mit Fülle an Aroma, Farbe und Intensität.

Bricktea

Aus Blattgrus und Staub gepreßter grüner Ziegel- oder Tafel-Tee aus China. Schlecht im Geschmack, aber gut für die Beladung von Karawanenkamelen geeignet.

Chest

Traditionelle Tee-Versandkiste aus Sperrholz.

Estate

Tee-Garten, Tee-Plantage.

Flush

Der neue Trieb, bestehend aus »two leaves and a bud«.

Herren-Tee

Elegant herbes Aroma, meist Ceylon (Uva) und beste Assams.

Kaltwetter-Tee

Langsam gewachsener Tee, meist aus Ceylon oder Südindien. Erste Pflückung zwischen Januar und Mitte März. Gehaltvoll und teuer.

Tee kochen

Richtiger sagt man Brühen, Aufsetzen, Machen ... In der Türkei wird aber wirklich gekocht. Meist kann man aber den Vorredner verbessern, wenn er den ungenauen Ausdruck »kochen« benutzt.

Musty

Muffig, weil zu feucht verpackt. Riecht und schmeckt nach »Keller«.

Nurelia

Abkürzung für Nuwara Eliya, das beste Anbaugebiet in Ceylon.

Regen-Tee

In der Regenzeit gepflückt. Wenig aromatisch.

Sechung Oolong
Rarität aus Amoy mit natürlich eingewachsenem, nicht erst durch Aromatisierung aufgebrachtem Pfirsicharoma.

stehen
»In der Tasse stehen« ist der Fachausdruck für die (vor allem optische) Erscheinung des aufgebrühten Tees im Trinkgefäß.

Tee-Garten-rein
(Garten-Tees) Besonderer Genuß, bei dem der herstellende Tee-Garten genannt wird.

Gartentee
keine Mischung, sondern aus einem Estate. Er spiegelt Boden und Klima voll wider.

Venesta
dreilagiges Sperrholz für die Versandkisten.

DIE DUNKLE SEITE DES TEES

Im Tee haben

Der Ausdruck »einen im Tee haben« beschreibt abfällig die Neigung vieler Alkoholiker, ihre Suchtmittel aus Gründen der Tarnung sozial akzeptableren Getränken unterzumischen.

Kann es eine Tee-Sucht geben?

Nein. Und wenn doch: macht nichts.

Die Kosten für Tee-Sucht sind gering, die Folgekosten für die Gesellschaft gleich null. Das heißt leider für arbeitslose Sozialpädagogen: keine tee-bezogene ABM-Dreiviertelstelle.

Tee-Kriminalität

Das deutsche Zollrecht kennt strenge Einfuhrgrenzen für Tee: pro Person 100 Gramm dürfen zollfrei mitgebracht werden. Die Reise nach Ceylon (Flugkosten ca. DM 1500) lohnt also erst, wenn man ein paar Zentner durch den Zoll schmuggelt. Das wird schwierig, weil man so große Lasten allein kaum schleppen kann und Tee sehr sperrig ist.

Das Selbstpflanzen von Tee auf dem Balkon ist nicht strafbar, funktioniert aber nicht. Die Marihuana-Kultur muß also nicht vernichtet werden.

SAKRILEGIEN

Tee aus der Kaffee-Maschine

Todsünde. Standesrechtliche Erschießungen sind noch zu selten. Jedes weitere Wort ist überflüssig.

Tee als Instant-Rührpulver aus dem Glas

Eine unabhängige Kommission streitet, ob dieses Vergehen mit Folter geahndet werden muß, oder ob es schon Folter genug ist, die durch die schändliche Handlung erzeugte Flüssigkeit trinken zu müssen.

Ein Konsens zeichnet sich ab: Wer Instant-»Tee« zubereitet, muß ihn vollständig selbst trinken. Wer ihn aber für andere anrührt, bekommt die volle Wucht des Gesetzes zu spüren und muß zur Strafe ebenfalls Instant-»Tee« trinken (so ein Vorschlag der Bundesversammlung der Deligiertenkonferenz der Belegschaften der Instant-»Tee«-erzeugenden Industrie Nordhessen-Nordbaden).

Klassische Tee-Verbrechen

Der Poet Li Chih-lai (Sung-Dynastie, 900 – 1300) läßt uns wissen: »Es gibt in der Welt drei höchst bedauernswerte Dinge: Das Verderben bester Jugend durch falsche Erziehung, die Entwürdigung guter Gemälde durch pöbelhaftes Begaffen und die Vergeudung guten Tees durch unsachgemäße Behandlung.«

Was genau man sich unter unsachgemäßer Behandlung vorzustellen hat, steht im Ch'a-lu: Ein Tee kann das Wesentliche seines Wertes einbüßen, »wenn ihn eine häßliche Magd aufträgt.« Mein Vorschlag: häßliche Mägde keinesfalls pöbelhaft begaffen, sondern vornehm wegschauen – was einem nur gelingt, wenn man es von Jugend an dank richtiger Erziehung eingebleut bekommen hat, und zwar hart, aber gerecht. An der elterlichen Gemäldesammlung üben.

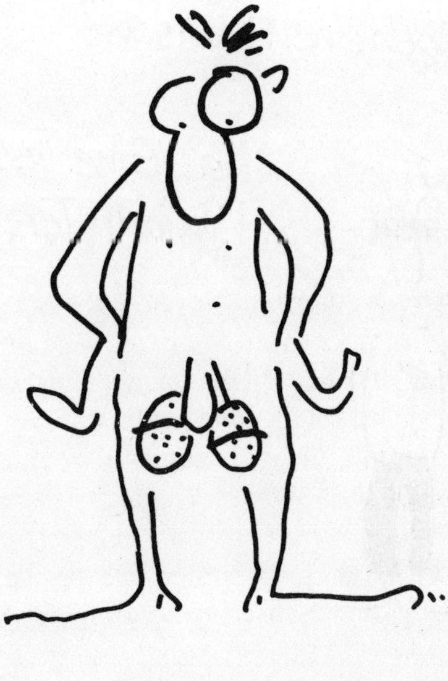

DER TEE-BEUTEL

Über Jahre schickte die kleine Tee-Handlung des New Yorkers Thomas Sullivan Probeportionen in Miniatur-Zinnbüchsen an die werte Kundschaft. Dann kam Sullivan auf die Idee, Gewicht und Kosten zu sparen, indem er – testweise – ein paar hundert Tee-Proben in kleine Seidenbeutelchen abpackte und verteilte. Die Kunden machten sich gar nicht erst die Mühe, den Tee auszupacken, sondern warfen ihn samt Beutel ins heiße Wasser – und bestellten fortan massenhaft Tee in diesen überaus praktischen Portionsbeuteln.

So also nahm das Unglück seinen Lauf. Heute wird 60 % allen Tees in ein mangelhaft durchlässiges Gefängnis aus speziellen Filterpapieren eingeschlossen und dann in Tassen gehängt, um jene heißen Flüssigkeiten zu verursachen, die den Namen Tee eigentlich nicht mehr verdienen. Selbst die besten englischen Hotels muten dem Gast prächtige Tee-Kannen zu, in denen ein Riesenbeutel dem Wasser eine möglichst kräftige Farbe und ein zweifelhaftes, gelegentlich tee-ähnliches Aroma verleihen.

Was ist drin in den Dingern? Billigware (mit ganz wenigen Ausnahmen). Um das Ergebnis der Beutel-Benutzung in der Tasse besonders »schön stark« aussehen zu lassen, schlägt der Hersteller den minderwertigen Tee-Sorten seiner Beutelmischung noch etwas Tee-Staub (Dust) zu, wie er bei der Produktion von besseren Tees übrigbleibt und allein nicht verkauft werden könnte. Ironischerweise kommt es vor, daß von allen Tee-Sorten im Beutel dieses faktische Färbemittel noch die beste Qualität repräsentiert.

Banausen und ihre Beutelprobleme

Fünf Beutel hängen in der Kanne, und was tut der Banause während der Ziehzeit? Er hält die Fäden fest in der Hand – denn er könnte sie nirgends befestigen, ohne zu riskieren, daß die Beutel schwer- bis unwiederbringlich verschwinden: Zwischen Deckel und Kanne geklemmt dauert es nicht lange, bis die Beutel in die Untiefen des Gebräus abtauchen, und mit ihnen ihr Faden. Dann geht das Rausangeln los.

Also festhalten. Doch der Dampf aus der Kanne ist heiß. Autsch! Die Hand wird zurückgezogen, die Beutel machen sich selbständig.

Gern verwendet der Beutelbanause zur Bergung der Beutel eine Gabel. Bei der Gelegenheit zersticht er mindestens einen Beutel und nimmt sich vor, demnächst ein Sieb zu kaufen.

Der kluge Banause hängt künftig seine Beutel nicht in die Kanne, sondern versenkt sie im Heißwasser der Tasse, sofern diese genügend niedrig ist. Beim Ziehenlassen kann nichts schiefgehen. Aber wohin mit dem ausgelaugten Beutel nach dem Herausziehen? Nun denkt der Beutel-Benutzer tief und scharf nach, und als Ergebnis dieser für Beutel-Fans ungewöhnlichen Tätigkeit steht nun vor dem Tee-Banausen die Tasse – und neben ihr die Untertasse mit dem Beutel. Stilsicherere Tee-Besteller in Kneipen und Restaurants entsorgen den Beutel natürlich im Aschenbecher!

Der Kampf um die braunsten Tropfen

Sehen wir uns erst noch an, wie der Banause jene sicherlich besonders wertvolle Flüssigkeit gewinnt, die im Beutel steckt und so viel brauner aus ihm tropft als der in der Tasse befindliche Tee. Er quetscht den Inhalt des Beutels mit den Fingern aus, verbrüht sich dabei seine Kuppen, und dann platzt auch noch der Beutel. Riesensauerei, aber das muß man in Kauf nehmen, wenn man kein Verschwender sein will.

In vornehmerer Gesellschaft wird der triefende Beutel auf den Teelöffel gelegt und auf ihm so lange balanciert, bis endlich sein Faden zweimal fest um ihn und den Löffel geschlungen ist. Durch dieses hochkomplizierte Fesselungskunststück werden mehrere dunkle Tee-Tropfen vor dem Wegwerfen gerettet.

Übrigens kann man Tee-Beutel auch sammeln und später einmal auskochen! Was soll daran abartig sein? Aus der nordamerikanischen Frühgeschichte der Tee-Verwendung ist bekannt, daß man aus schwarzem Tee eine Art Sirup kochte und ohne Milch oder Zucker trank. Die Rückstände wurden dann, mit Salz und Butter abgeschmeckt, als Tee-Gemüse verzehrt (wir erinnern uns: das sind die Techniken der »Klassischen Periode«).

WAS MAN SONST NOCH TOLLES MIT TEE MACHEN KANN

Sicherlich schöne Bastelarbeiten, aber meist werden doch andere Zweckentfremdungen empfohlen.

So macht sich der Mensch seit Jahrhunderten die textile Färbekraft des Tees untertan, wirft also tee-fleckige Kleidung gemeinsam mit 25 Tee-Beuteln in die Waschmaschine und freut sich über das erzielte Bio-Braun, welches zuvor schon an seinem Tee-Strumpf so gut ausgesehen hatte.

Selbstverständlich eignet sich Tee auch als beständige Geheimtinte, deren einziger Nachteil ist, daß man sie sieht.

Keine Grenzen sind der Phantasie für die kosmetische Verwendung von Tee vorgeschrieben – jenem schmerzlich unterbewerteten Teilgebiet der Tee-Verehrung, auf dem sich noch so manche Mark verdienen ließe.

EIN PAAR SUPERTOLLE IDEEN FÜR ANGEBER

Voyeurismus

Von der japanischen Zeremonie sollten wir uns ein paar Scheiben abschneiden. Die Gäste sollten jeden Schritt der Tee-Bereitung mitverfolgen. Das kann in der Küche geschehen, aber noch expertenhafter wirkt es doch, wenn wir einen Teewagen mit allen Utensilien neben den geschmackvoll überladenen Tisch fahren. Die Japaner lassen ihre Gäste sogar beim Abspülen zuschauen!

Selbst mischen

Aus der wertvollen und vielbewunderten Tee-Kiste (Caddy) holt der Kenner drei oder vier verpackte Sorten und ein ominöses Glas. Hierin rührt er nun, ganz in der besten englischen Tradition und nach aufwendigem Abwiegen, eine bislang völlig ungetrunkene und absolut einzigartige Mischung des Tages zusammen. Wie individuell! Und natürlich ein ganz, ganz anderer Geschmack als selbst die besten Mischungen des Handels, bei denen doch immer irgendwo, seien wir doch mal ehrlich, der kommerzielle Gedanke zu Kompromissen führt – ja, führen muß.

Selbst aromatisieren

Ebenfalls völlig einmalig und das Gesprächsthema in Großstädten bis zu 5000 Einwohnern ist der selbst aromatisierte Tee. Um ihn machen sich Tee-Kenner verdient, denen nichts gut genug ist, was dem Handel profitabel erscheint.

Welches Aroma? Man kann Tee bekanntlich jeden Geruch annehmen lassen. Der schmutzigen Phantasie sind also keine Grenzen gesetzt. Und Spaß bereitet ein Ratespiel allemal.